McGraw-Hill Lectura
Maravillas

ENTRADA

tickets: D. Hurst/Alamy

MW00341717

McGraw-Hill Lectura

Maravillas

Mc Graw Hill Education

Bothell, WA • Chicago, IL • Columbus, OH • New York, NY

Cover and Title pages: Nathan Love

www.mheonline.com/lecturamaravillas

Copyright © 2014 McGraw-Hill Education

All rights reserved. No part of this publication may be reproduced or distributed in any form or by any means, or stored in a database or retrieval system, without the prior written consent of McGraw-Hill Education, including, but not limited to, network storage or transmission, or broadcast for distance learning.

Send all inquiries to:
McGraw-Hill Education
Two Penn Plaza
New York, New York 10121

ISBN: 978-0-02-126206-9
MHID: 0-02-126206-3

Printed in United States of America.

1 2 3 4 5 6 7 8 9 DOW 18 17 16 15 14 13

A

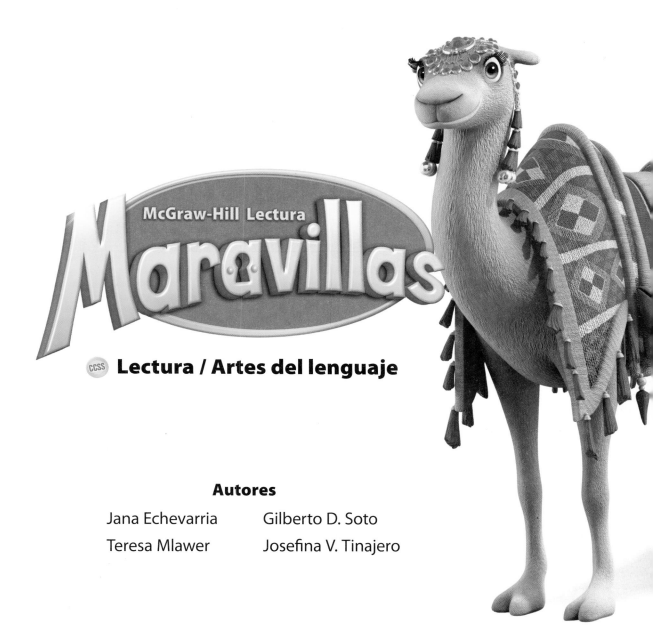

McGraw-Hill Lectura
Maravillas

CCSS **Lectura / Artes del lenguaje**

Autores

Jana Echevarria   Gilberto D. Soto

Teresa Mlawer   Josefina V. Tinajero

DISTRICT 21
BILINGUAL / ESL
PROGRAM

Mc
Graw
Hill
Education

Bothell, WA • Chicago, IL • Columbus, OH • New York, NY

LA GRAN IDEA

Aprender para crecer

Design Pics/age fotostock

 ¡Conéctate! Las lecciones están en http://connected.mcgraw-hill.com

UNIDAD 2

Resuélvelo

Klaus Nigge/National Geographic/Getty Images

 ¡Conéctate! Las lecciones están en http://connected.mcgraw-hill.com

LA GRAN IDEA

Único en su especie

(c) George Hamblin (bc) © Michael Rose/Frank Lane-Picture Agency/Corbis (b) © George H-H. Huey/Corbis

 ¡Conéctate! Las lecciones están en http://connected.mcgraw-hill.com

LA GRAN IDEA

Vence obstáculos

(c) © Jack Goldfarb/Design Pics/Corbis; (bc) © Karlheinz Oster/Corbis; (b) © A. Souders/Corbis

LA GRAN IDEA

¡Manos a la obra!

(c) Liz Roll/FEMA Photo News (b) © Ocean/Corbis

 ¡Conéctate! Las lecciones están en http://connected.mcgraw-hill.com

©1998. EDITORIAL SUDAMERICANA

Pregunta esencial

¿Qué te enseñan los cuentos?

Lee y descubre cómo un perrito y un niño pueden ser amigos.

¡Conéctate!

MIEDO

Graciela Cabal
Ilustraciones de Nora Hilb

Había una vez un chico que tenía miedo:

Miedo a la **oscuridad**, porque en la oscuridad crecen los monstruos.

Miedo a los ruidos fuertes, porque los ruidos fuertes te hacen **agujeros** en las orejas.

Miedo a las personas altas, porque te aprietan para darte besos.

Miedo a las personas bajitas, porque te **empujan** para **arrancarte** los juguetes.

Mucho miedo tenía ese chico.

AHORA COMPRUEBA

Visualizar ¿Cómo es el miedo del niño? ¿Qué palabras en el texto te ayudan a imaginar lo que siente?

12

Entonces la mamá lo llevó al doctor.
Y el doctor le **recetó** al chico un jarabe para
no tener miedo. (Amargo era el jarabe).

Pero al papá le pareció que el mejor jarabe
era un buen reto:

—¡Basta de andar teniendo miedo
vos! —le dijo—. ¡Yo nunca tuve miedo cuando
era chico!

Pero al tío le pareció que mejor que
el jarabe y el reto era una linda burla:

—¡Tiene miedo, tiene miedo!

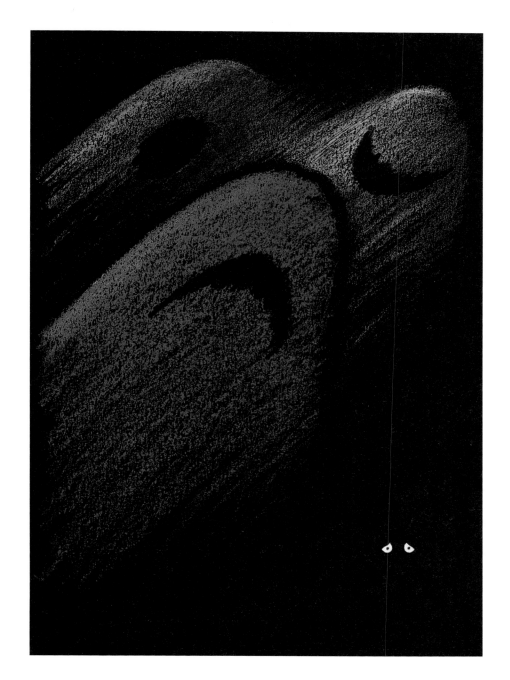

El chico seguía teniendo miedo. Miedo
a la oscuridad, a los **ruidos** fuertes,
a las personas altas, a las personas bajitas.

Y también a los jarabes amargos, a los retos
y a las burlas.

Mucho miedo seguía teniendo ese chico.

AHORA COMPRUEBA

Visualizar ¿Cómo te ayudan las
ilustraciones a describir el miedo del chico?

Un día el chico fue a la plaza. Con miedo fue,
para darle el gusto a la mamá.

Llena de personas bajitas estaba la plaza. Y de
personas altas.

El chico se sentó en un banco, al lado de la mamá.

Y fue ahí que vio a una persona bajita
pero un poco alta que le estaba pegando
a un perro con una rama.

Blanco y negro era el perro,
con manchitas.

Muy flaco y muy sucio estaba
el perro.

Y al chico le agarró una cosa acá, en el medio del ombligo.

Y entonces se levantó del banco y se fue al lado del perro. Y se quedó parado, sin saber qué hacer. Muerto de miedo se quedó.

La persona alta pero un poco bajita miró al chico. Y después dijo algo y se fue.

Y el chico volvió al banco.

Y el perro lo siguió y se le sentó al lado.

—No es de nadie —dijo el
chico—. ¿Lo llevamos?

—No —dijo la mamá.

—Sí —dijo el chico—. Lo llevamos.

En la casa la mamá bañó al perro.

Pero el perro tenía hambre.

El chico le dio leche y un poco de polenta del mediodía.

Pero el perro seguía teniendo hambre. Mucha hambre tenía ese perro.

Entonces el perro fue y se comió todos
los monstruos que estaban en la oscuridad, y todos
los ruidos fuertes que hacen agujeros en las orejas.
Y como todavía tenía hambre también se comió
el jarabe amargo del doctor, los retos del papá,
las burlas del tío, los besos de las personas altas y
los empujones de las personas bajitas.

Con la panza bien llena, el perro se fue a dormir. Debajo de la cama del chico se fue a dormir, por si quedaba algún monstruo.

AHORA COMPRUEBA

Visualizar ¿Cómo describen los dibujos y el texto los sentimientos del chico por el perro y los sentimientos del perro por el chico?

Ahora el chico que tenía miedo no
tiene más miedo.
   Tiene perro.

Conozcamos a la autora y a la ilustradora

Graciela Cabal

Nació en Buenos Aires, Argentina, y se pasó la vida escribiendo cuentos para niños. Se dice que cuando era niña le tenía miedo a las arenas movedizas y a las plantas carnívoras.

Nora Hilb

Nora es ilustradora de muchos libros para niños. Ella también nació en Argentina y dice que le encanta ilustrar cuentos porque es muy divertido.

PROPÓSITO DE LA AUTORA

¿Por qué la autora escribe un cuento sobre un niño que le tiene miedo a todo?

(t) Estate of Graciela Cabal; (b) Annick Press Ltd.

RESPUESTA A LA LECTURA

RESUMIR

Piensa en los detalles y en las palabras que ayudan a describir los personajes del cuento, y haz un resumen de lo que has aprendido. Usa la tabla de personajes como ayuda para ordenar tus ideas.

Personaje	
Deseos o necesidades	Sentimientos
Acciones	Características

EVIDENCIA EN EL TEXTO

1. ¿Cómo sabes que *Miedo* es una fantasía? GÉNERO

2. ¿En qué se diferencian el tío del chico y el padre del chico? Describe cada personaje. PERSONAJE

3. ¿Cuál es el significado de la palabra *jarabe*? CLAVES DE CONTEXTO

4. ¿Qué es lo que más te gustó de los personajes principales? ESCRIBIR SOBRE LA LECTURA

 Haz conexiones

¿Qué has aprendido del cuento *Miedo*? PREGUNTA ESENCIAL

¿Es verdad que en el mundo hay personas que tienen tanto miedo? EL TEXTO Y EL MUNDO

Compara los textos

Lee sobre cómo Juanita aprendió una lección de un lobo.

JUANITA Y EL LOBO

Juanita y su madre eran muy pobres y vivían en una pequeña cabaña del bosque.

—No tenemos más huevos y ya es casi la hora de cenar —dijo la mamá de Juanita.

—Tomaré el camino más corto para ir al mercado —dijo Juanita.

Salió corriendo hacia el bosque con su canasta. Cuando llegó al bosque, oyó un gemido muy fuerte y **descubrió** algo asombroso. Debajo de un árbol había un enorme lobo gris llorando.

—¡Por favor, no te vayas! —dijo el lobo—. ¿Me puedes ayudar? Nadie se atreve a ayudarme.

El lobo estiró la pata y se la mostró a Juanita. Había una gran espina metida entre los dedos.

—¿Es un truco? —preguntó Juanita—. Ya he oído muchas historias sobre lobos que se comen a la gente.

—Los lobos ya no se dedican a comer gente. A mí y a mis hermanos nos gusta comer huevos con *ketchup* —dijo el lobo.

El lobo siguió llorando y miró su pata herida.

Anne Wilson

28

Juanita se sintió **inspirada** por la actitud inocente del lobo y lo quiso ayudar. Entonces se arrodilló y con mucho cuidado le sacó la espina de la pata. El lobo se lamió la pata y, haciendo una reverencia, dijo:

—Gracias, no olvidaré tu gentileza, —y desapareció en el bosque.

Juanita regresaba a casa con la canasta llena de huevos. De repente se acercaron unos lobos que no querían dejarla pasar.

—Grrrrrrrrrrrrr, ¿qué hay en tu canasta? —preguntó uno de ellos.

—Me parece que veo huevos —dijo otro lobo.

—¿Dónde está el *ketchup*? —preguntó un tercer lobo. Luego se oyó una voz gritar:

—¡Déjenla ir!

El lobo que Juanita había ayudado unos momentos atrás se acercó, y les contó cómo la niña lo había ayudado con la espina. Entonces, todos los lobos se apartaron y dejaron a Juanita seguir su camino.

Cuando Juanita llegó a casa, le contó a su mamá la historia de cómo había ayudado al lobo gris.

Moraleja: Ayuda a otros y ellos te ayudarán.

¿? Haz conexiones

¿Qué aprendiste de esta fábula?
PREGUNTA ESENCIAL

Compara a Juanita con el chico de *Miedo*. ¿En qué se parecen los dos? ¿Y en qué se diferencian? **EL TEXTO Y OTROS TEXTOS**

El pequeño Anik

Víctor Carvajal

Ilustraciones de Alberto Montt

Editorial Sol y Luna Libros, Colección Infancias del Mundo, Santiago Chile.

¿¿?? Pregunta esencial

¿Qué aprendemos de las culturas a través de las tradiciones?

Lee la historia de un pequeño niño que quería cazar el viento.

¡Conéctate!

El pequeño Anik despertó con el silbido del viento. Era invierno, el frío intenso y nadie salía de su tienda. El padre del pequeño Anik se cubrió con su manto de piel de **guanaco**.

—Padre, ¿puedo acompañarte? —preguntó Anik.

—Vendrás cuando no sople el viento —respondió el padre.

Y desapareció dejando huellas en la nieve.

—Saldrás cuando vuelvan los ibis —dijo la madre.

—¿Por qué no vuelan los ibis? —preguntó el niño.

—Los **ahuyenta** el silbar del viento que alarga el invierno —respondió la madre.

El pequeño Anik corrió al lugar donde su padre guardaba el arco y las flechas.

—¡Saldré a cazar! —dijo.

El padre del pequeño Anik regresó con leños para el fuego.

—Nadie caza con este viento —dijo el padre.

La ventisca se coló entre las pieles de la **morada**.

Afuera crujió la nieve como si el invierno caminara sobre ella.

El pequeño Anik reconoció a la distancia los pasos del corredor más veloz del país de los Selknam.

—¡Saldré a ver al mejor de los cazadores!

—Alimenta el fuego en nuestra ausencia —dijo la madre, abrigándose con su manto para ir por hierbas silvestres.

Visualizar ¿Cómo es el invierno? ¿Qué palabras en el texto te ayudan a imaginar el frío que hace afuera?

El pequeño Anik echó leños grandes en el
hogar. Luego, se arropó con su piel de guanaco y
salió con el arco y las flechas de su padre.

Caminó por el bosque espeso de lengas y
subió por la ladera del monte, hasta que no tuvo
energías para dar un nuevo paso.

Un guanaco que por ahí pasaba, contempló
al pequeño Anik. Había olfateado el arco y las
flechas que llevaba el niño.

—¿Me ayudarías? —le dijo.

—Me cazarías —respondió el guanaco—. Pero
de nada te serviría mi carne. Llevo días sin comer.

—¡Cazaré al viento! —dijo el niño.

El guanaco se compadeció del pequeño Anik
al verlo cubierto de nieve y pálido de frío. Se
aproximó con cautela.

—El cazador veloz te ayudará —y se inclinó
sobre la nieve.

El niño montó sobre el lomo del guanaco. Con
dificultad alcanzaron la cima del monte. Allí vieron
al cazador veloz, en plena carrera.

El guanaco dejó al niño en la cumbre del monte
y escapó como si su vida estuviera en peligro.

Entonces, llegó el zorro.

—¿Me ayudarías? —le dijo.

—Me cazarías —respondió el zorro—. Pero de nada te serviría mi piel arruinada por el frío.

—¡Cazaré al viento! —dijo el niño.

El zorro se compadeció del pequeño Anik y se acercó con cautela.

—El cazador veloz te ayudará —dijo el zorro y le ofreció el extremo de su enorme cola y bajó corriendo por la ladera. El niño, sin soltar la cola del zorro, se deslizó sobre la nieve.

AHORA COMPRUEBA

Visualizar Observa al cazador. ¿Qué palabras usarías para describirlo?

Solo detuvieron la carrera a los pies del cazador.

—¿Qué haces fuera del hogar? —preguntó.

—¡Cazaré al viento que alarga el invierno!
—respondió el niño y se sacudió la nieve de su manto.

—Yo también quiero que vuelvan los ibis con la
primavera —dijo el cazador veloz. Y lo llevó junto
a un charco cubierto de hielo; tomó un trozo y lo
mezcló con las hierbas pulverizadas que llevaba
entre sus ropas. Hizo una pintura y con ella pintó
el rostro del niño y luego le pintó brazos y piernas.
Finalmente, le cubrió la cabeza con su tocado de
piel de guanaco.

—¡Eres un cazador! —le dijo.

El pequeño Anik apuntó el arco y la flecha al corazón del viento. Como no pudo tensar la cuerda, el corredor veloz tomó las manos del niño como si fueran las propias.

Los pájaros se recogieron al abrigo de las lengas. El zorro corrió a ocultarse en su madriguera. El guanaco buscó refugio en el calor de las rocas.

El viento silbó en los oídos del invierno.

El cazador maestro soltó la cuerda y el chasquido dejó escapar una tormenta. La flecha voló y dio en el blanco.

—¡Has cazado al viento! —exclamó el corredor veloz—. ¡Corramos antes de que nos atrape con su lamento!

Cargó al niño como una pluma sobre sus hombros. Descendieron por la ladera del monte. Cruzaron el bosque y luego, llegaron a la tienda del pequeño Anik.

—Entibia tu cuerpo y aguarda el regreso de tus padres —le dijo.

El pequeño Anik entró en la morada y dejó en su lugar el arco y las flechas. Los leños ardían lentamente. Los padres del niño rompieron con sus pasos el hielo del **sendero**.

—¿Has **vigilado** el hogar? —preguntaron al entrar.

El pequeño Anik guardó silencio. Luego, hizo un gesto con un dedo para que sus padres sellaran los labios.

Entonces, oyeron a lo lejos el tenue aleteo de los ibis que regresaban con la primavera.

AHORA COMPRUEBA

Visualizar ¿Por qué crees que los ibis aparecen en colores en esta página? Observa la primera página del cuento y compara las ilustraciones de los pájaros.

Vamos de cacería con Víctor y Alberto

Víctor Carvajal

Nació en Chile, en donde estudió publicidad y arte dramático. Sin embargo, fue en Europa donde descubrió el amor por la literatura infantil. Desde entonces, no ha dejado de publicar libros para niños, porque dice que todos debemos mantener al niño que llevamos dentro.

Alberto Montt

Es un ilustrador y humorista gráfico nacido en Quito, Ecuador. Alberto dice que dibuja sin pensar, que deja que el lápiz lo guíe.

Propósito del autor

¿Por qué quiere el niño de este cuento ser cazador?

Respuesta a la lectura

Resumir

Piensa en el orden de los sucesos y haz un resumen del cuento. Usa la tabla de secuencia como ayuda para ordenar tus ideas.

Personaje
Ambiente
Principio
↓
Desarrollo
↓
Final

Evidencia en el texto

1. ¿Cómo sabes que *El pequeño Anik* es una fantasía? **GÉNERO**

2. ¿Por qué Anik decide salir a cazar el viento al principio del cuento? ¿Qué sucede al final cuando regresan sus padres a la casa? **SECUENCIA**

3. Usa las claves en las oraciones para explicar el significado de la palabra *ladera* en la página 37. **CLAVES EN LAS ORACIONES**

4. ¿Qué tradiciones tiene la familia en *El pequeño Anik?* **ESCRIBIR SOBRE LA LECTURA**

Haz conexiones

¿Qué aprendiste de las tradiciones en este cuento? **PREGUNTA ESENCIAL**

¿Conoces tradiciones que se relacionen con la geografía y el clima? **EL TEXTO Y EL MUNDO**

49

Compara los textos

Lee sobre las diferentes tradiciones que celebran las familias.

Tradiciones de familia

En Estados Unidos vive mucha gente diferente. Hay personas de muchos países. Cada grupo tiene su propia cultura y **tradiciones**. Las personas quieren mantener vivas sus tradiciones y las comparten con sus familias. Se puede aprender mucho sobre las personas a través de sus tradiciones.

Festejo de año nuevo

Las familias chinas celebran el Año Nuevo Chino en enero o febrero. El Año Nuevo Chino dura cerca de dos semanas y significa que el invierno se ha acabado. Esta fiesta celebra que la primavera está por llegar.

Las tradiciones son muy antiguas. Los adultos regalan a los niños paquetes de envoltorios rojos y brillantes. El rojo significa buena suerte y felicidad. En los paquetes hay dinero de la buena suerte.

Las familias usan trajes coloridos para celebrar el Año Nuevo Chino.

Este feriado es también momento de banquetes. Las familias chinas comparten dulces y suaves pasteles de arroz. Algunas familias comen pescado cocido. También regalan naranjas y comen fideos. Estas comidas son símbolos de un feliz año y una larga vida.

En la mayoría de las grandes ciudades, se realiza un desfile de año nuevo. Las familias ven bailarines con disfraz de dragón que se deslizan por la calle, usando colores como el rojo, el amarillo y el verde. Las bandas marchan en fila. Ellas tocan melodías alegres en sus tambores. La gente, con vestimenta típica, va en carrozas saludando a la multitud. ¡BANG! ¡Cuidado con los fuegos artificiales! Los sonidos fuertes simbolizan un momento de dicha en el año.

ChinaFotoPress/Getty Images News/Getty Images

Las familias se reúnen

El verano es una buena ocasión para las reuniones familiares. Muchas familias afroamericanas disfrutan de esta tradición. Tíos, tías, primos y amigos viajan desde muy lejos para reunirse. En estas reuniones juegan juntos y cuentan historias familiares. Comparten comidas tradicionales, como el asado y los dulces caseros. A veces hacen un show de talentos, en los que usan camisetas especiales para mostrar su **orgullo**.

Las reuniones pueden durar tres días. Las familias se ponen tristes cuando la reunión termina, ¡pero comienzan los planes para la próxima!

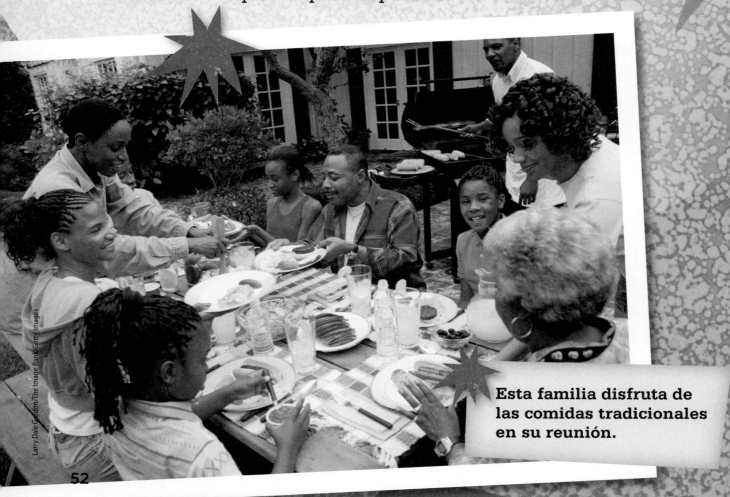

Larry Dale Gordon/The Image Bank/Getty Images

Esta familia disfruta de las comidas tradicionales en su reunión.

Cuentos y danzas

Muchas comunidades de indígenas americanos tienen tradiciones de cuentos y danzas muy antiguos. Los mayores les cuentan cuentos a sus hijos y nietos, por lo general en su idioma nativo. Las historias resaltan la valentía de sus ancestros.

Algunos grupos de indígenas americanos se reúnen en asambleas en el verano. En estos festivales celebran su cultura mediante la danza y la música. Los viejos cuentos cobran vida a través de sus narradores. Las suaves notas de una flauta ayudan a contar la historia. El firme redoble de los tambores le agrega fuerza. Todos estamos invitados a observar y escuchar. Todos podemos disfrutar de los cuentos y aprender sobre las tradiciones.

Los narradores indígenas americanos transmiten historias muy antiguas.

Todos tenemos tradiciones

Las tradiciones son como un pegamento. Mantienen unidas a las familias y refuerzan su cultura. A través de las tradiciones, conocemos la variedad de personas que hay en Estados Unidos.

 Haz Conexiones

¿Qué puedes aprender sobre las familias a través de sus tradiciones? **PREGUNTA ESENCIAL**

Cuenta alguna otra tradición familiar sobre la que hayas leído. **EL TEXTO Y OTROS TEXTOS**

(t) © Bob Rowan; Progressive/Image/Corbis (b) A. Ramey/PhotoEdit

¿? Pregunta esencial

¿Cómo contribuyen las personas de diferentes culturas a una comunidad?

Lee sobre cómo el poeta y autor Gary Soto contribuye con su comunidad.

¡Conéctate!

54

Gary el soñador

Gary Soto
Ilustraciones de Elizabeth Gómez

Nací en abril, un mes en el que llueve sin cesar. ¡Tal vez por eso, cuando tenía tres años, me gustaba abrir la boca y probar la lluvia! Abril es también el mes en que las flores brotan y las abejas aparecen sorpresivamente.

Vivía en una casita blanca con mi perro, Blackie, y con mi gato, Botas. Tenía un canario que era un poco más grande que un pulgar, pero un día se voló porque la puertita de su jaula quedó abierta. Lo siento, pequeño canario, ¡creo que fui yo quien la dejó abierta!

55

Recuerdo que desde mi sillita alta miraba a mi hermano mayor y a mis padres sentados a la mesa del comedor. Después, cuando crecí un poco, pude sentarme con ellos. Casi todas las mañanas comía avena con azúcar negra, que era como la energía de un cohete. Salía corriendo de la casa, listo para jugar.

Jugaba a la mancha con los niños del barrio, jugaba a las escondidas y a atrapar naranjas, ya que en nuestro patio trasero teníamos un naranjo. También teníamos un ciruelo, un limonero y un manzano. ¡Qué suerte! Cuando tenía ganas de comer algo, simplemente salía y agarraba una fruta.

No tenía muchos juguetes, pero tenía
un ejército de frijoles pintos y piedritas. Jugaba
con ellos en la tierra hasta ensuciarme de tanto
jugar. ¡Al final, era como si un pimentero gigante
me hubiese espolvoreado con tierra!

Mi fruta preferida era la sandía. Después de comer
un trozo de sandía, me quedaban semillas en la boca.
Estas semillas servían de municiones para escupir
a mi hermano mayor, y él también me escupía a mí.
Era como una guerra divertida llena de semillas que
volaban por todas partes.

En el jardín de infantes aprendí los colores. Aprendí a atarme los cordones y a ser educado. También me gustaba cantar. Mi hermano dice que podía oírme desde el salón de al lado.

Allí conocí a Darrell, mi primer amigo. Y también a José, otro amigo. En el recreo, jugábamos en el tobogán. ¡Era como una cuchara brillante y resbalosa! Luego, nos subíamos a las hamacas. Saltar de la hamaca nos daba miedo, pero era divertido. También íbamos a las barras trepadoras. Si me caía, nunca me lastimaba.

En primer grado, **practicaba** escribir el abecedario. Las letras eran grandes y cuadradas. Escribía mi nombre: G A R Y.

Mi maestra era muy buena, pero algunas veces me decía: "Gary, quédate quieto" porque me movía mucho en la silla. Siempre fui muy soñador: miraba el piso, miraba por la ventana, y pensaba cosas como: "Vaya, ¿ese canario en el árbol será el mío?".

Me costaba **pronunciar** algunas palabras. Por ejemplo, no podía decir "sándwich", decía "sánich". Sabía que dos más dos era cuatro. Pero ¿cuánto era cinco más siete? Para hacer la suma, contaba con los dedos, que estaban pegajosos por el dulce de mi "sánich".

AHORA COMPRUEBA

Hacer y responder preguntas ¿Por qué a Gary le gusta el recreo? Vuelve a leer esta página para encontrar la respuesta.

En segundo grado, hicimos una colecta para ayudar a los niños de África que no tenían qué comer. Recolecté muchas monedas. Pensé que las monedas eran iguales a mí: yo era morocho por naturaleza y aún más morocho de correr bajo el sol. Sentía que estaba dándole a la pobre África un trozo de mí.

Mis compañeros crecieron, pero yo parecía quedarme igual. Me seguía gustando jugar en el recreo. Me gustaba jugar al "quemado", al *kickball* y a "cuatro cuadras". Me **tropezaba** mucho cuando jugaba al fútbol, pero era rápido. **Admiro** a las personas que son rápidas y juegan limpio.

AHORA COMPRUEBA

Hacer y responder preguntas ¿Qué piensa Gary sobre la colecta de monedas? Vuelve a leer para encontrar la respuesta.

Cuando entré a tercer grado, ya leía bien. Me encantaban los libros con dibujos. Las páginas eran vivas y coloridas como los tucanes, esos pájaros tropicales de pico largo. Todas las semanas iba a la **biblioteca** pública y hojeaba pilas de libros.

Seguía siendo un soñador. A veces miraba a las hormigas cuando entraban y salían de los hormigueros. El agua que recorría el cordón de la vereda llevaba fósforos, hojas, envoltorios de chicles y ¡a las pobres hormiguitas! Yo rescataba algunas. Me las ponía cuidadosamente en los dedos y las dejaba en el cordón de cemento. Se quedaban ahí un rato, como pequeñas sombras débiles. Luego se despertaban y se alejaban tambaleándose.

Tercer grado fue divertido. Yo seguía siendo pequeño como esas hormigas, supongo. Me **asustaban** las matemáticas. ¡Pobre de mí! Pero leer era lo que realmente me gustaba. Leía en el sillón y también en la cama, sosteniendo bastoncitos de zanahorias como si fueran lápices.

AHORA COMPRUEBA

Visualizar ¿Qué opina Gary sobre la lectura? Utiliza las palabras del cuento para describir qué sucede.

Me gustaba leer en mi árbol preferido. Una vez,
Botas se acercó y le tiré un trozo de corteza desde
arriba del árbol. Miró a su alrededor y maulló. Yo
me reí. Entonces, le tiré otro trozo de corteza. Esta
vez, Botas me vio y se trepó al árbol. Los dos nos
sentamos en una gran rama y le leí un cuento sobre
un pájaro, mientras él se lamía las patas. El motor
que tenía dentro empezó a ronronear, así que
supongo que a Botas también le gustaba la lectura.

Los fines de semana, mi familia iba al Barrio Chino.
Comprábamos comestibles en una tienda mexicana.
Recuerdo a los mariachis deambulando por las calles
con sus enormes sombreros. No se les veían los ojos,
solo los bigotes que sobresalían. Hacían sonar las
trompetas, rasgueaban las guitarras, y los violines
parecían llorar. El guitarrón sonaba fuerte.

Una vez, vi a un perro que bailaba al son de la
música de los mariachis. El perro se movía para
adelante y para atrás, para adelante y para atrás,
como quien baila el chachachá.

Todas las noches tomaba un baño de espuma en nuestra profunda bañera. Mientras me metía, el agua salía del grifo rugiendo. Las burbujas se elevaban como montañas; no, como nubes realmente hermosas. Tomaba la espuma, me la ponía en la cara y jugaba a que tenía barba. También me ponía un poco de espuma en la cabeza: ¡oh, un sombrero!

Era un soñador. Muchas veces estaba en otro mundo.

En la cama, me tapaba con dos mantas. Me acostaba muy cansado, y pensaba en lo que había vivido en el día hasta que me dormía. A veces, daba patadas dormido y soñaba que corría para anotar algo mientras toda la escuela me miraba.

Gary Soto creció y se convirtió en escritor. Los lectores quedan boquiabiertos con sus más de cuarenta libros para niños y adultos. Él, comparte su cultura mexicoamericana en sus poemas y cuentos.

A soñar con Gary y Elizabeth

Gary Soto quizá sea un soñador, pero también es un lector: "Aunque tal vez parezca que mi vida consiste únicamente en leer libros, he descubierto que la lectura construye una vida dentro de la mente. Me gusta leer biografías, novelas y también libros en español", dice. También le gustan el teatro, los deportes y viajar. Gary es un autor premiado que ha escrito más de cuarenta libros para niños y adultos.

Elizabeth Gómez es una conocida artista plástica e ilustradora de libros. Crea obras de ensueño que brillan gracias a sus hermosos colores. "En todo lo que pinto siempre hay personas, animales, plantas y belleza", dice. También ayuda a pintar murales en las paredes de las escuelas. Dice que le encanta ver cómo una pared blanca se convierte en una pequeña joya.

Propósito del autor

¿Por qué el autor se cree un soñador?

(l) AP Images (r) Paulina Benavides, 2009

Respuesta a la lectura

Resumir

Piensa en el orden de los sucesos de *Gary el soñador*. Resume lo que aprendiste sobre la vida de Gary. Escribe los sucesos en la tabla de secuencia.

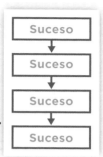

Evidencia en el texto

1. ¿Cómo sabes que *Gary el soñador* es una narración de no ficción? **GÉNERO**

2. ¿Qué sucesos principales cuenta Gary en la página 59? Asegúrate de que estén en orden. **ESTRUCTURA DEL TEXTO: SECUENCIA**

3. Encuentra la palabra *boquiabiertos* en la página 65. ¿Qué te ayudó a descubrir su significado? **PALABRAS COMPUESTAS**

4. Escribe sobre cómo Gary fue cambiando a medida que crecía. ¿Qué detalles muestran estos cambios? **ESCRIBIR SOBRE LA LECTURA**

¿? Haz conexiones

¿Qué aprendió el joven Gary de su comunidad? **PREGUNTA ESENCIAL**

¿De qué manera los autores y escritores comparten su cultura? **EL TEXTO Y EL MUNDO**

Compara los textos

Lee cómo comparten sus culturas las personas de dos ciudades distintas.

Una mezcla de polca y pan pita

Si cuentas las estrellas de la bandera de nuestro país, verás que hay 50: una por cada estado. También puedes contar las ciudades de esos estados. ¡Es un GRAN número! En Estados Unidos hay más de 19,000 ciudades, y cada una alberga a personas de países y culturas diferentes.

Chicago, Illinois

En Chicago viven muchas personas que vinieron de Polonia. Polonia es un país de Europa. En una **comunidad** polaca, hay carteles en polaco, olor a salchicha polaca y se escucha música polaca.

La danza y la música son una parte importante de esta cultura. Hay un grupo de danza que enseña la cultura polaca. Los músicos del Polonia Ensamble difunden su cultura a través de la música y la danza. Se visten con coloridos trajes tradicionales, bailan danzas polacas, como la polca, y cantan canciones polacas.

Los bailarines polacos usan trajes coloridos.

(t) © Brand X/Corbis (b) Photo courtesy of the Polonia Ensemble/Photo by Roman Tomaszewski

El grupo **contribuye** con la comunidad durante todo el año. Los bailarines participan en desfiles y bailan en festivales. A veces, viajan a otras ciudades o países para difundir las tradiciones polacas... quieren compartir sus costumbres con cada persona que conocen.

Detroit, Michigan

Cerca de Detroit viven personas de muchos países de Medio Oriente. Esta comunidad contribuye de muchas maneras. Una de las más importantes es a través de la comida. Los tres hermanos Seblini vinieron del Líbano. Querían compartir su cultura con la comunidad. ¿Cómo lo hicieron? ¡Abrieron una panadería!

Cada día, los hermanos hornean pan árabe fresco y otros panes típicos de Medio Oriente. También preparan torta de miel, pastel de espinaca y hojas de parra rellenas.

Además, la panadería es un lugar de encuentro, ya que cada mediodía gente de todo Detroit se acerca para disfrutar de la comida y la amistad.

Todos los días se hornea el pan típico de Medio Oriente, que se sirve con las comidas.

Mira otra vez

Cuando mires la bandera, piensa en los 50 estados. Luego piensa en la gente y en las distintas culturas de cada estado. Piensa en todas las tradiciones que la gente comparte.

¿? Haz conexiones

¿Cómo contribuyen las personas de la comunidad polaca a la vida en Chicago? **PREGUNTA ESENCIAL**

¿En qué se parece la contribución de Gary Soto a la de los polacos? **EL TEXTO Y OTROS TEXTOS**

Dwight Cendrowski

¡TODOS A BORDO!

LA MÁQUINA DE VAPOR DE ELIJAH McCOY

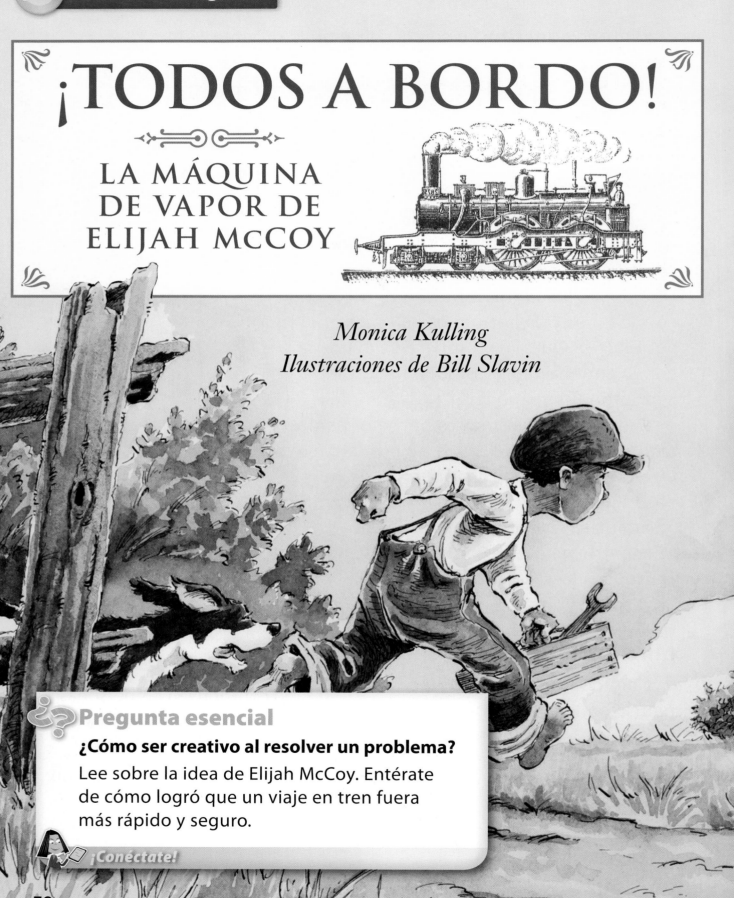

Monica Kulling
Ilustraciones de Bill Slavin

Pregunta esencial

¿Cómo ser creativo al resolver un problema?

Lee sobre la idea de Elijah McCoy. Entérate de cómo logró que un viaje en tren fuera más rápido y seguro.

¡Conéctate!

Los días de verano en Colchester, Ontario, eran días para cortar el césped. Elijah McCoy miraba a su padre cortar el césped alto y esperaba a que la máquina dejara de funcionar. Cuando eso ocurría, Elijah daba un salto de alegría. Tenía apenas seis años, pero ya era bueno manejando herramientas.

From All Aboard! Elijah McCoy's Steam Engine by Monica Kulling, illustrated by Bill Slavin. © 2010 published by Tundra Books.

Elijah McCoy nació en 1844. Sus padres habían llegado a Canadá en el Tren Clandestino. No hablaban mucho sobre su pasado como esclavos. Elijah y sus once hermanos los mantenían ocupados.

La madre y el padre de Elijah ahorraron hasta el último centavo para enviarlo a la escuela. A los dieciséis años, Elijah cruzó el océano para estudiar en Escocia. Elijah tenía un sueño: trabajar con máquinas. Quería ser ingeniero mecánico.

74

En 1866, Elijah terminó sus estudios en Escocia. Su familia vivía en Michigan entonces. Un día, llegó una locomotora a la estación con Elijah a bordo. Tenía tantas ideas, que le salían chispas de la cabeza. ¡Iba a trabajar de ingeniero en Michigan!

Elijah fue a buscar trabajo a la Estación Central de Michigan.

—Hay que estudiar para ser ingeniero —dijo el jefe, escupiendo a los pies de Elijah—. Puedes trabajar como fogonero si quieres. No es difícil. Debes darle de comer al fogón y engrasar al caballo.

—¿Cómo dice? —preguntó Elijah.

—Debes palear carbón en el fogón —respondió el jefe, pausadamente—. Debes engrasar las ruedas y los rodamientos. No es complicado.

"¡Qué decepción!", pensó Elijah. Él conocía los motores en detalle. Sabía cómo **diseñar** motores. Sabía cómo construirlos. También sabía que el jefe no le tenía mucha consideración porque era afroamericano. Pero Elijah necesitaba trabajar, así que aceptó la propuesta.

La locomotora de vapor era fascinante. La gente le decía Caballo de Hierro. Era un monstruo que respiraba fuego. Cuando soltaba su estela de vapor, ¡iba más rápido que un caballo con calesa!

Cargar carbón en el fogón era un trabajo caluroso y cansador. Además, tenía sus dificultades. El fuego hacía hervir el agua. El agua hirviendo generaba vapor. El vapor hacía funcionar la maquinaria. Si el fuego se calentaba demasiado, la caldera podía explotar. Si no estaba bien caliente, el tren no se movía. O no podía subir ni una pequeña cuesta.

Elijah iba a trabajar con ropa vieja. El de fogonero era un trabajo sucio. Enseguida quedaba cubierto de hollín y cenizas.

AHORA COMPRUEBA

Hacer y responder preguntas
¿Cómo se sentía Elijah con su trabajo de fogonero? Vuelve a leer estas páginas para hallar la respuesta.

Había un niño debajo del tren. Su ropa tenía olor a grasa.

—Ese es tu ayudante —le explicó el jefe—. Él engrasa los lugares a los que tú no llegas.

A un niño como este le pagaban unos centavos al día. Por la noche, dormía en el piso del tren lleno de mugre. El trabajo era peligroso y los niños muchas veces se lastimaban. O peor aún...

"Tiene que haber una manera menos peligrosa", pensaba Elijah.

Elijah cargaba el carbón lo más rápido que podía.
Le resbalaban gotas de sudor por el rostro. Tenía las manos
en carne viva. El agua de la caldera tardaba en calentarse.
Mientras Elijah cargaba el carbón, el niño iba trepando de
un lado para otro, poniendo grasa. Finalmente, el tren tenía
todo lo necesario y estaba listo para salir.

La locomotora resoplaba y echaba humo, que salía en forma de nubes por la chimenea. Las ruedas chasqueaban. La máquina avanzaba dando resoplidos durante una media hora. *¡Chu! ¡Chu! ¡Chu!*

De repente, *¡iiiiiiiiii!* El tren se detenía de golpe. El niño daba un salto y se metía debajo de las ruedas. Elijah bajaba con la lata de aceite. Los pasajeros se quedaban en su sitio. Esperaban. Y esperaban un poco más.

—¡Todos a bordo! —gritaba el conductor.

La máquina estaba engrasada y lista para continuar. *¡Chu! ¡Chu! ¡Chu!*

Los pasajeros miraban las granjas por la ventanilla. Conversaban. Comían. Reían.

Media hora después: *¡iiiiiiiiii!*

Hora de engrasar la máquina otra vez.

¡Qué trabajo! Elijah no sabía qué parte odiaba más: si cargar el fogón o engrasar la máquina.

AHORA COMPRUEBA

Hacer y responder preguntas
¿Por qué el viaje en tren era tan lento en esa época? Vuelve a leer estas páginas para hallar la respuesta.

81

Había que poner aceite en las partes de metal del tren para que funcionaran bien. Sin aceite, las partes se atascaban y se desgastaban. Y el tren se detenía.

Mientras Elijah cargaba carbón con la pala, en su cabeza borboteaban ideas. ¿Podría inventar un recipiente con aceite que engrasara la máquina cuando el tren estaba en funcionamiento? Todas las noches, después del trabajo, Elijah se ponía a dibujar. Al fin, hizo el dibujo de una caja de aceite que sabía que funcionaría.

Elijah tardó dos años en hacer un modelo de la caja de aceite. En 1872, solicitó una patente para proteger su invento. Luego llevó la caja de metal a su trabajo.

—Tiene un agujero aquí para que gotee el aceite —le contó Elijah a su jefe—. Gotea aceite cuando es necesario. Y *donde* es necesario. Es **simple**. ¿Por qué no intentarlo?

Sorprendentemente, el jefe estuvo de acuerdo. Elijah sujetó la caja a la máquina.

—Solamente para el viaje a Kalamazoo —agregó el jefe con brusquedad.

El tren partió con gran estruendo rumbo a Kalamazoo, Michigan. La locomotora resoplaba y echaba humo, que salía en forma de nubes por la chimenea. Las ruedas chasqueaban. La máquina avanzó dando resoplidos durante media hora. *¡Chu! ¡Chu! ¡Chu!*

Todos se preguntaban cuándo se detendría el tren. Pero no se detuvo. Siguió dando resoplidos media hora más. Y otra media hora más.

AHORA COMPRUEBA

Visualizar ¿Cómo crees que era el viaje en tren? Usa las descripciones para visualizar el viaje.

¡La caja de aceite de Elijah McCoy funcionó! Engrasaba la máquina mientras el tren avanzaba. El tren llegó a Kalamazoo en tiempo récord. El pequeño ayudante estaba a salvo. Elijah estaba contento.

La caja de aceite de McCoy hizo que viajar en tren fuera más rápido y seguro. Elijah siguió trabajando en **inventos** con motores toda su vida. Cumplió su sueño. Cuando se hizo mayor, **animaba** a los niños a estudiar y seguir sus sueños.

¡LA AUTÉNTICA McCOY!

¿Has oído a alguien decir que quiere "la auténtica McCoy" alguna vez? Significa que quiere algo verdadero, no quiere imitaciones ni **sustitutos**. Otros inventores copiaron la caja de aceite de Elijah McCoy, pero las copias no eran buenas. Cuando los ingenieros querían la mejor caja de aceite, pedían "la auténtica McCoy".

¿Pero fue McCoy un prodigio con un solo acierto? ¡No! Fue un inventor maravilloso. Patentó 57 inventos en su vida, más que cualquier otro inventor afroamericano. La mayoría de sus inventos tenían que ver con motores, pero no todos. Elijah inventó una tabla de planchar portátil, un rociador para el césped y ¡hasta un tacón de goma para los zapatos! ¿Buscas algo de la mejor **calidad**? ¡Pide la auténtica McCoy!

CONOZCAMOS A LA AUTORA Y AL ILUSTRADOR

MONICA KULLING

Nació en Vancouver, Columbia Británica. Cuando era niña, le encantaba estar al aire libre. Se subía a los árboles, jugaba al béisbol y andaba en bicicleta. También le gustaba leer revistas de historietas. Comenzó a leer y a escribir poesía cuando estaba en la escuela secundaria. En la universidad, se enamoró de la literatura infantil. Y se dedicó a ella a todo vapor: ha escrito libros para niños desde entonces.

BILL SLAVIN

Ha ilustrado más de setenta libros para niños, entre ellos, *The Big Book of Canada*. Ha recibido muchos premios por sus ilustraciones. Actualmente está trabajando en una nueva colección que se llama *Elephants Never Forget*. Vive en Ontario, Canadá, con su esposa, Esperanza Melo.

PROPÓSITO DE LA AUTORA

¿Por qué crees que la autora escribió sobre la vida de Elijah McCoy?

RESPUESTA A LA LECTURA

RESUMIR

Piensa en los detalles de *¡Todos a bordo!* Usa la tabla para resumir lo que has aprendido sobre cómo ser creativo al resolver un problema.

Causa	→	Efecto
Primero	→	
Después	→	
Luego	→	
Por último	→	

EVIDENCIA EN EL TEXTO

1. ¿Qué características del texto te indican que *¡Todos a bordo!* es una biografía? **GÉNERO**

2. ¿Qué motivó a Elijah McCoy a inventar la caja de aceite? Menciona los sucesos en orden. **CAUSA Y EFECTO**

3. ¿Qué dos cosas compara la autora en la página 76? **METÁFORAS**

4. Escribe sobre cómo el invento de Elijah McCoy hizo que viajar en tren fuera más rápido y seguro. **ESCRIBIR SOBRE LA LECTURA**

Haz conexiones

¿Qué aprendiste sobre resolver problemas gracias a Elijah McCoy? **PREGUNTA ESENCIAL**

Piensa en un invento que usamos todos los días. Explica cómo nos ayuda. **EL TEXTO Y EL MUNDO**

Compara los textos

Lee sobre cómo los inventos de Thomas Edison hicieron del mundo un lugar mejor.

Un mundo con luz

Una idea brillante

En 1878, Thomas Alva Edison comenzó una investigación que iluminaría el mundo. En ese entonces, las casas y las calles se iluminaban con gas. Las personas querían iluminar con electricidad, pero nadie sabía cómo hacerlo.

Edison y sus ayudantes intentaron hacer una bombilla eléctrica, donde se coloca un hilo de material que se calienta y brilla. Pero el hilo se quemaba demasiado rápido.

Edison cambió el mundo con sus inventos.

Edison **examinó** muchos materiales. Ninguno de ellos funcionaba. Hasta probó con pelo de barba. Luego intentó con bambú. Un hilo de bambú brillaba durante bastante tiempo dentro de la bombilla. La idea de Edison fue un éxito.

Las **soluciones** de Edison fueron más allá de la bombilla. Diseñó centrales para generar electricidad. También diseñó un sistema para que la electricidad llegara hasta los hogares. Gracias a Edison, en la actualidad, la mayoría de las personas tienen electricidad.

(bkgd) Don Farrall/Photodisc/Getty Images (inset) Boyer/Roger Viollet/Getty Images

¡Es eléctrico!

Thomas Edison hizo muchos experimentos con electricidad. Tú también puedes hacer uno. Investiga la electricidad estática. La electricidad estática es una carga eléctrica que puede generarse cuando se frotan dos objetos. La electricidad estática puede hacer que los objetos se atraigan o se separen.

Experimento con electricidad estática

Materiales
- tijeras
- peine de plástico
- bufanda o suéter de lana
- pañuelos de papel

1. Corta varios trozos pequeños de pañuelos de papel.

2. Coloca los pedazos de papel sobre una mesa.

3. Sostén el peine sobre los papeles. ¿Qué ocurre?

4. Ahora frota el peine con la lana alrededor de 10 veces.

5. Sostén el peine sobre el papel.

¿Qué le ocurre al papel?
¿Qué hace que el papel se pegue al peine? Conversa sobre tu investigación con un compañero o una compañera.

 Haz conexiones

¿De qué manera Thomas Edison fue creativo para resolver un problema? **PREGUNTA ESENCIAL**

¿Sobre qué otros inventores has leído? ¿En qué se parecen? **EL TEXTO Y OTROS TEXTOS**

(l) (Photodisc/Getty Images (tr) ©The McGraw-Hill Companies, Inc./Jacques Cornell photographer (cr) Steve Gorton/Dorling Kindersley/Getty Images (br) Dorling Kindersley/Getty Images

Una montaña de historia

El Monte Rushmore rinde homenaje a cuatro presidentes importantes de Estados Unidos. Ellos son: George Washington, Thomas Jefferson, Theodore Roosevelt y Abraham Lincoln.

¿❓ Pregunta esencial

¿Cómo nos ayudan los monumentos a entender la historia de nuestro país?

Lee acerca del Monumento Nacional Monte Rushmore. Descubre qué nos cuenta sobre la historia de Estados Unidos.

¡Conéctate!

©Design Pics/age fotostock

Personas de todo el mundo visitan el Monumento Nacional Monte Rushmore, en Dakota del Sur.

¿Cómo se transforma una montaña en monumento?

Cada año, millones de personas visitan el Monte Rushmore. Está en las Colinas Negras de Dakota del Sur. ¿Por qué es tan importante? Las cabezas de cuatro presidentes de Estados Unidos están **talladas** en uno de los lados de la montaña. El Monte Rushmore es un hito **nacional**; un tesoro nacional.

El origen de Rushmore

El artista Gutzon Borglum diseñó el **monumento** hace ochenta años. Eligió a los cuatro presidentes como símbolo de las mejores cualidades de nuestro país. George Washington dirigió la nueva nación. Abraham Lincoln puso fin a la esclavitud y mantuvo la unión durante la Guerra Civil. Thomas Jefferson ayudó al país a crecer. Theodore Roosevelt creó parques. Estos líderes representan los primeros 150 años de la historia del país.

> **AHORA COMPRUEBA**
>
> **Hacer y responder preguntas**
> ¿Por qué se considera que estos presidentes son un símbolo de nuestro país? Vuelve a leer para hallar la respuesta.

Michelle Gilders/Alamy

(t) © Underwood & Underwood/Corbis (b) © Russ Schleipman/Corbis

Cuatrocientos obreros ayudaron a tallar los rostros en la roca.

Tallar un monumento

La creación del Monte Rushmore fue una gran tarea. Primero, el artista hizo pequeños modelos de los rostros. Los obreros hicieron estallar la roca con dinamita. Luego, tallaron los rostros sobre la enorme montaña.

Cuatrocientas personas trabajaron durante catorce años en esta **grandiosa** escultura. Costó casi un millón de dólares.

¡Piensa en grande!

¿De qué tamaño son los rostros del Monte Rushmore? ¡Son muy grandes! Miden sesenta pies de alto. Son como un edificio de seis pisos. Las narices miden veinte pies de largo. Las bocas miden once pies de ancho.

Los obreros tuvieron que escalar 500 pies para tallar los rostros.

92

Historia de los indígenas americanos

Los indígenas americanos vivieron por siglos en las Colinas Negras. Este lugar era especial para ellos. Es importante conocer su historia.

Por eso hay un pueblo indígena en el Monte Rushmore. Los guardaparques dirigen las excursiones. Los visitantes pueden descubrir **rastros** de la vida de los indígenas americanos. El pueblo indígena aporta **pistas** sobre el pasado. Nos enseña sobre el Monte Rushmore y sobre la historia de nuestro país.

En este pueblo, los indígenas americanos enseñan su cultura a los visitantes.

Henry Bradshaw/Photo Researchers/Getty Images

Descubre los hechos

En verano, el Monte Rushmore recibe visitas **masivas**. Los guardaparques hablan sobre la historia de la montaña. Los visitantes del museo aprenden acerca de los presidentes. También pueden visitar el taller del artista.

El Monte Rushmore es un **hito** importante. Es un símbolo de la historia de nuestro país y un recuerdo de los cuatro grandes presidentes.

Respuesta a la lectura

1. ¿Cómo sabes que *Una montaña de historia* es un texto expositivo? **GÉNERO**

2. ¿Cómo se talló el monumento en la montaña? **IDEA PRINCIPAL Y DETALLES CLAVE**

3. Usa claves de contexto para definir *estallar* en la página 92. **PALABRAS DE SIGNIFICADOS MÚLTIPLES**

4. ¿Por qué tanta gente visita monumentos? **EL TEXTO Y EL MUNDO**

Damian Dovarganes/AP Images

Compara los textos

Lee acerca de una calle que es un hito de Los Ángeles, California, donde se celebra la cultura mexicoamericana.

Una calle histórica

La ciudad de Los Ángeles nació en la calle Olvera. Un pequeño grupo de colonizadores mexicanos llegó aquí hace más de doscientos años. Desde entonces, Los Ángeles se ha convertido en una gran ciudad que recuerda su pasado. La calle Olvera es parte del **monumento** *El Pueblo de Los Ángeles.* Este lugar mantiene viva la historia.

Los edificios antiguos y los museos de la calle Olvera muestran su herencia mexicana.

Uno de esos edificios es el Ávila Adobe, de 1818. Es el edificio más antiguo de la ciudad y muestra cómo se vivía en California.

Las personas visitan la calle Olvera para aprender sobre la historia de California. También disfrutan del mercado al aire libre. Se toca música mexicana y española. Los bailarines folclóricos danzan con trajes coloridos. Todos se divierten en la calle Olvera. Y, además, aprenden sobre el pasado.

Lugares para visitar

La calle Olvera es solo uno de los tantos **hitos** y monumentos de Estados Unidos. A continuación, se incluyen otros. ¿Qué puedes aprender de cada uno?

Estatua de la Libertad
Ubicación: Ciudad de Nueva York
Fecha de creación: 1886
Por qué es importante: Es un símbolo de la independencia y de la libertad. Fue un regalo amistoso de Francia. Se encuentra en el puerto de la Ciudad de Nueva York.

Parque Nacional de las Grandes Montañas Humeantes
Ubicación: Tennessee y Carolina del Norte
Fecha de creación: 1934
Por qué es importante: Es uno de los últimos bosques espesos del país. Es un lugar seguro para los animales. Allí hay casi 1,500 osos negros.

Centro Espacial John F. Kennedy
Ubicación: Cabo Cañaveral, Florida
Fecha de creación: 1965
Por qué es importante: Los primeros hombres que pisaron la Luna despegaron desde el Centro Espacial Kennedy, en 1969. Desde entonces, la NASA ha lanzado 135 misiones desde este centro.

Monumento Nacional Martin Luther King Jr.
Ubicación: Washington D. C.
Fecha de creación: 2011
Por qué es importante: Martin Luther King Jr. quería que todas las personas tuvieran los mismos derechos. Sirvió de ejemplo para luchar por los derechos de los afroamericanos.

 Haz conexiones

¿Qué aprendes cuando visitas los monumentos?
PREGUNTA ESENCIAL

¿En qué se parecen estos monumentos a otros sobre los cuales has leído? **EL TEXTO Y OTROS TEXTOS**

(tl) © Comstock/Corbis (tr) Jon Massie/Alamy (bl) Ben Cooper/Science Faction/Getty Images (br) Tom Williams/CQ-Roll Call Group/Getty Images

Un amigo muy especial

Gabriela Sieveking
Ilustraciones de Amparo Phillips

Pregunta esencial

¿Por qué es mejor trabajar en equipo para resolver problemas?

Lee y descubre cómo un pececito ayuda a sus amigos.

 ¡Conéctate!

Texto © 2009 Gabriela Stoeking Kast. Ilustraciones © 2009 Amparo Phillips Mardones.
Used by permission of Liberalia Ediciones.

Había una vez un pececito que vivía en lo más profundo del fondo del mar. Al atardecer le gustaba mecerse al ritmo del agua y se dejaba llevar por la corriente. A veces se quedaba **enredado** en las algas marinas que ondulaban a su paso.

Un día mientras Leo se mecía y se mecía escuchó las risas y las voces de sus amigos peces.

—¡Vamos a jugar! ¡Vamos a jugar! —gritaban.

Rápidamente se enderezó y comenzó a nadar hacia ellos.

—¿A qué van a jugar? —preguntó Leo.

—Vamos a jugar a las escondidas hasta que el sol ya no alumbre. ¿Quieres jugar con nosotros?

Leo se apresuró y se **unió** al grupo. Juntos
se fueron a un lugar con muchas rocas y algas
marinas. Era perfecto para esconderse.

—¡Aquí! —dijo Emilia—. En esta roca voy a contar hasta 10 y ustedes se esconderán.

El sol ya casi desaparecía y unos pocos rayos alumbraban el lugar. Los pececitos corrieron a esconderse.

—10, 9, 8, 7, 6 —contaba Emilia.

Movían sus **aletas** con **rapidez**, para llegar al mejor escondite. Leo encontró un lugar que parecía un bosque de algas. Se metió entre ellas y se agarró de un alga gigante que se mecía lentamente, como a él tanto le gustaba.

—5, 4, 3, 2, 1. ¡Salí! —gritó Emilia.

Leo se puso un poco nervioso y el corazón le latía con fuerza. Con el rabo del ojo miraba pasar a Emilia cerca de su **escondite**. Y de pronto sucedió lo inevitable. Sus **escamas** se pusieron a brillar. Como estaba casi oscuro, Emilia lo divisó.

AHORA COMPRUEBA

Hacer predicciones ¿Crees que Emilia atrapará a Leo? Intenta imaginar lo que va a ocurrir antes de seguir leyendo.

—¡Acusado, Leo! ¡Te pillé! ¡Mira cómo brillas! —dijo Emilia.

Todos sus amigos se salvaron, menos él. Al verlo, los amigos comenzaron a burlarse:

—¡Te pillaron, te pillaron! ¡Tus escamas relucientes te delataron! —le gritaban.

—¡Qué raro eres! —le repetía Emilia.

AHORA COMPRUEBA

Confirmar predicciones ¿Encontraron a Leo porque su escondite no era muy bueno? ¿Por qué se burlan de Leo sus amigos?

Cabizbajo y apenado se alejó de ellos. Siempre le pasaba lo mismo. Cuando se ponía nervioso, sus escamas comenzaban a brillar intensamente y todos se reían de él.

Pasaron los días...
Cada atardecer, los amigos salían a jugar
a la escondida. Nadie invitaba a Leo y él los
miraba muy triste, desde lejos.

Una noche, cuando Leo estaba en casa, alguien golpeó fuertemente la puerta gritando:

—¡Leo, abre la puerta, te necesitamos!

Abrió la puerta y se encontró con varios de sus amigos.

—¡Leo, tienes que ayudarnos! Emilia se ha perdido y no la podemos encontrar. Está muy oscuro y no podemos ver.

—Sí, yo creo que se metió en una cueva y no sabe cómo salir —dijo una pececita.

De inmediato él se puso a brillar. Nadó hacia la cueva donde los amigos creían que Emilia se había escondido. Todos gritaban:

—¡Emilia, Emilia!

Leo miraba hacia la cueva y el brillo de sus escamas alumbraba cada vez con más intensidad.

A lo lejos se escuchaba una vocecita muy suave. Entonces él gritó:

—¡Emilia, Emilia! ¡Por aquí!

Se metió hasta el fondo de la cueva. ¡Qué oscuro estaba!

De pronto, en un rincón, vio a Emilia llorando y tiritando.

—Ven acá —dijo Leo—. Sígueme sin detenerte. Ya saldremos de la cueva.

La luz de Leo iluminaba el camino. Al salir de la cueva Emilia abrazó a Leo y le dijo:

—¡Gracias amigo, sin ti no podría haber salido! Yo siempre me burlaba de ti cuando brillabas y mira cómo me has ayudado.

Todos los amigos aplaudieron a Leo. Tenían
a un amigo muy especial.

AHORA COMPRUEBA

Hacer y responder preguntas   Leo es
diferente a los otros peces y gracias a
eso pudo ayudar a sus amigos. ¿De qué
manera puedes ayudar a tus amigos?

¡Al agua con Gabriela y Amparo!

Gabriela Sieveking

Es profesora de maestros y profesores. Les enseña cómo ayudar a sus alumnos a comprender lo que leen y a disfrutar de los buenos libros. También escribe cuentos para niños porque es una manera de acercarse a ellos.

Amparo Phillips

Amparo es ilustradora de cuentos infantiles y de revistas. Dice que desea despertar emociones a través de su trabajo. Le gustaría poder hacer que alguien llegue a sentir lo mismo que ella al ver las cosas más simples, como un par de zapatos o un edificio.

(t) Courtesy of Gabriela Sieveking; (b) Courtesy of Amparo Phillips

Propósito de la autora

En este cuento un pececito es dejado de lado por ser "raro". Sin embargo, sus amigos acuden a él cuando tienen un problema. ¿Qué habrá querido trasmitir la autora?

Respuesta a la lectura

Resumir

Piensa en los detalles clave que te da la autora para descubrir cuál es el mensaje que quiere trasmitir y haz un resumen del cuento. Usa la tabla de tema como ayuda para ordenar tus ideas.

Detalle
↓
Detalle
↓
Detalle
↓
Tema

Evidencia en el texto

1. ¿Cómo sabes que el cuento *Un amigo muy especial* es una fantasía? **GÉNERO**

2. ¿Cuál es el tema del cuento? **TEMA**

3. Usa las claves de contexto para descubrir en la página 105 la palabra que significa lo opuesto de *apenado*. **CLAVES DE CONTEXTO**

4. ¿Por qué los otros peces fueron a buscar a Leo cuando se perdió Emilia? **ESCRIBIR SOBRE LA LECTURA**

Haz conexiones

¿Qué has aprendido del cuento *Un amigo muy especial*? **PREGUNTA ESENCIAL**

¿Qué deben hacer las personas cuando se presenta un problema que los compromete a todos? **EL TEXTO Y EL MUNDO**

Compara los textos

Leer sobre cómo la gente de una ciudad en Florida trabajó en conjunto para resolver un problema.

Deltona quiere murciélagos

BzzzzzzBzzzzzz ¡Paf! BzzzzzzBzzzzzz ¡Paf!

En Deltona, Florida, esos son los sonidos del verano. Cuando llega el verano, llegan los insectos.

El alcalde trabajó con un grupo de gente para resolver este problema. A un hombre **comprometido** con el grupo se le ocurrió una solución fantástica. ¡Murciélagos! A los murciélagos les gusta comer insectos. ¿Por qué no traerlos a Deltona?

Al alcalde y al gobierno de la ciudad les gustó la idea, pero la gente de Deltona tenía preguntas. ¿Dónde iban a vivir los murciélagos? ¿Quién pagaría por ellos?

Los dirigentes de la ciudad tenían que encontrar las respuestas. Luego tenían que decidir qué hacer.

La gente en Deltona disfruta del tiempo al aire libre en los días soleados. Pero en verano, ¡los insectos invaden el lugar!

El gobierno local decide

Al alcalde y otros funcionarios se les ocurrió un plan que no costaría dinero a la gente de la ciudad. Los murciélagos podían vivir en casitas especiales, que los empresarios comprarían. Los voluntarios las pondrían en parques y lugares públicos. Los funcionarios hablaron con la gente de Deltona para decirles que su **cooperación** era importante para que el plan funcionara. La mayoría estuvo de acuerdo. Entonces trajeron murciélagos.

Los murciélagos tienen casa

La primera casita de murciélagos fue ubicada en la municipalidad. La gente lo celebró.

¿Resolverán los murciélagos el problema de los insectos en Deltona? Es muy pronto para saberlo porque los murciélagos se demoran en ocupar las casas. La gente de Deltona tiene que esperar y ver qué pasa. Si los murciélagos no ayudan a resolver este problema, el gobierno local deberá probar algo diferente. Es por eso que Deltona es un buen lugar para vivir.

Deltona está al norte de Orlando

ALABAMA GEORGIA

FLORIDA

Deltona

Orlando

N
O E
S

Miami

Esta es la casa de murciélagos en la Municipalidad de Deltona. Está a 20 pies del suelo.

(c)SuperStock/ageTootstock (/Robert L. Sjoberg, Nature's-Friend

Cómo funciona el gobierno local

Deltona tiene un gobierno local. Hay un alcalde y una comisión de la ciudad.

El alcalde de Deltona trabaja junto con la comisión de la ciudad. Esta comisión tiene siete miembros. Cada uno representa una parte diferente de la ciudad. Cada uno es elegido por los votantes que viven en esa parte de la ciudad.

GOBIERNO LOCAL

COMISIÓN DE LA CIUDAD

ALCALDESA

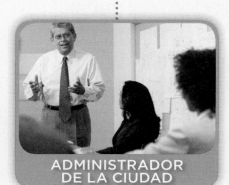

ADMINISTRADOR DE LA CIUDAD

Muchas ciudades como Deltona tienen un gobierno local como este.

GASTOS

PARQUES

SERVICIOS

BOMBEROS

BIBLIOTECAS

POLICÍA

(l to r, t to b) Andrew Wakeford/Photodisc/Getty Images (2) U.S. Census Bureau, Public Information Office (PIO) (3) Jon Feingersh/Blend Images LLC (4) Comstock/Comstock Images/Getty Images (5) Design Pics / Natural Selection Robert Cable (6) Brand X Pictures/PunchStock (7) Andersen Ross/Photodisc/Getty Images (8) Andersen Ross/Blend Images LLC (9) Creatas Images/PictureQuest

El alcalde y los miembros de la comisión de la ciudad se reúnen con la gente de sus comunidades. Hablan con las personas para saber qué necesitan.

Como hay mucha gente trabajando para que las cosas marchen bien, Deltona contrata un administrador de la ciudad. Él trabaja con el alcalde, la comisión y los departamentos de la ciudad, como el de bomberos y la policía, para proveer los servicios.

La gente de Deltona sabe cuál es el secreto para que una comunidad sea exitosa. La gente y el gobierno deben trabajar juntos. Cuando la gente tiene un problema, como cuando hay muchos insectos, saben que pueden pedir ayuda al gobierno local.

La gente de la ciudad se reúne con el alcalde para comentar sus ideas.

Haz conexiones

¿Cómo ayudó el trabajo de todos a resolver el problema de los insectos? **PREGUNTA ESENCIAL**

Compara esta historia con otras historias que hayas leído sobre este tema. **EL TEXTO Y OTROS TEXTOS**

CDC/Cade Martin

117

Pregunta esencial

¿Por qué la gente emigra a otros lugares?

Lee la historia de una familia china que emigra a Guatemala.

¡Conéctate!

LA TIENDA DE MAMÁ Y PAPÁ

Amelia Lau Carling

CLIC, CLOC, CLOC. Oigo al lechero y su carreta tirada por una mula. Toca el timbre y nos deja dos botellas en la puerta. *Clic, cloc, cloc*. La mula recorre la calle. Las campanas de la iglesia suenan, los gallos cantan. Mis hermanos y hermanas salen para la escuela. Así empieza el día.

Text copyright ©1998 Amy Lau Carling. Reproduced with permission of Groundwood Books.

Mamá y papá tienen una tienda, una tienda china en la Ciudad de Guatemala. Venden botones, cintas, hilos y telas. Venden faroles, pelotas plásticas, cohetes y perfume. Agujas, guantes blancos, manteles, botellas de salsa de soya: hay de todo en el **almacén** de mis padres. Huele a flores y al aserrín húmedo que usan para barrer el piso.

Mamá teje sin bajar la mirada y habla con los clientes en español. La llaman doña Graciela. Pero en chino su nombre significa "Dama que vive en la luna".

Papá, en su escritorio, suma y resta con su **ábaco**. Él es don Rodolfo en español, y en chino su nombre significa "Laguna Fragante".

AHORA COMPRUEBA

Hacer predicciones ¿Por qué se mudó esta familia a Guatemala? ¿Crees que echan de menos su país natal?

Desde la grada de la entrada miro la calle. El ciego
vende billetes de lotería. He visto a mamá elegir sus
números de la buena suerte y comprar hasta diez
billetes al mismo tiempo. Una vez se ganó la carretilla
que tiene en el comedor.

La chiclera ordena filas de dulces en un cajón
de madera. Cuando mamá y papá me dan cinco
centavos, compro suficientes dulces como para
llenarme los bolsillos.

Santiago, María y su hija Elsita están hoy aquí. Han venido en una camioneta desde un pueblo **indígena** que queda muy lejos. Les he oído contarle a mamá que viven, al igual que sus padres y antes sus abuelos, al borde de un lago rodeado por tres volcanes. ¿Te imaginas?

Vienen a comprar hilos para tejer sus ropas. María se inclina sobre el mostrador y mira las filas y filas de hebras de muchos colores arregladas como cardúmenes de peces en agua cristalina.

En un español imperfecto ella dice:

—Verde perico, celeste, rojo granada, naranja encendido, pitahaya y amarillo mango: esos son los colores de la selva que queremos.

Tejerá venados, pájaros, conejos y jaguares en las ropas nuevas. Lo sé, porque a menudo mis ojos juegan con los motivos tejidos en los trajes de los indígenas que vienen a la tienda.

—Corinto manchado, verde iguana, azul marino, amarillo atardecer: esos son los colores del pantanal que queremos.

Tejerá agua, truenos, relámpagos y flores en las ropas nuevas.

—Morado volcán, amarillo maíz, rojo chile: esos son los colores de la milpa que queremos.

Tejerá niños con sombreros de paja y niñas con canastas sobre la cabeza.

Don Chema, el vendedor de recados chinos, trae tofú fresco. Mamá le compra un poco y lo invita a sentarse a tomar una taza de té servido de un termo como los que ella vende en la tienda. Mamá, papá y don Chema conversan en chino, riendo y gritando animados. Hablan de Nueve Ríos, su pueblo natal en China. De quién se quedó y quién se fue, de cuán fresco era el pescado y cuáles platos no han comido desde que huyeron hace más de quince años, y de cómo perdieron sus hogares en una guerra terrible. Se quejan de lo lento que es el correo para enviar dinero de vuelta.

AHORA COMPRUEBA

Confirmar predicciones Don Chema también emigró de China. ¿Confirmaste tus predicciones?

Es la hora de cerrar para el almuerzo. Nena, Beto, Mando, Chiqui y Adolfo han vuelto de la escuela. La familia indígena se ha ido a comer y a tomar la siesta en el mercado, a una cuadra de la tienda.

Nosotros comeremos aquí mismo, porque vivimos detrás del almacén. Mamá ya está en la cocina limpiando el pescado, rebanando chiles picantes, picando carne con dos cuchillas. *Taca, taca, cha. Taca, taca, cha.*

Beto nos llama para alimentar las carpas en la pila que está en medio de nuestro patio. Los pescaditos se esconden entre las plantas del fondo, pero en lo que caen las migas de pan sobre el agua salen disparados del verdor profundo.

El fuego ruge en la estufa de leña. La comida chisporrotea en el *wok*, el sartén chino, y mamá dispone plato tras plato junto a un montón de tortillas de maíz. Mamá, papá y don Chema, que a menudo se queda a almorzar, hablan de tíos, tías, amigos y primos en Nueve Ríos, en Hong Kong y Taiwán. Son personas y lugares tan remotos que yo sé de ellos solo por las viejas fotos y las estampas de los calendarios colgados por toda la casa. Pero ni mis hermanos y hermanas ni yo prestamos mucha atención.

Estamos ansiosos de terminar de comer para salir a la terraza de la **azotea**. Se le sube por una escalera vieja y tambaleante que hay cerca de la cocina. Allí es donde papá siembra rosas y lirios chinos en cajones de madera, y donde tiene un paisaje en miniatura de una montaña de cemento con pagodas chiquitas y carpas rojitas que nadan alrededor.

—Esta es la famosa Montaña Amarilla en la China antigua —dice él.

Y yo me imagino a mí misma escalando los riscos escarpados y perdiéndome entre los **peñascos**. ¡Pero qué maravilloso cruzar un puente de luna y descansar junto a una pagoda!

Trepamos el techo por donde es seguro subir.
Con velas, Nena, Beto, Mando y yo frotamos cera
contra las láminas. Después, sobre trineos de
cartón nos deslizamos una y otra vez, riendo y
volcándonos contra el muro abajo. Una nube gris
se atraviesa y trae una llovizna. ¡Hay un arco iris en
el cielo asoleado!

Pero mamá llama a mis hermanos y hermanas para que vuelvan a la escuela. Don Chema se ha ido a su casa. Mamá se empolva la cara y se pinta los labios. Papá se pone una chaqueta y abre el almacén de nuevo. La familia indígena ya está esperando en la puerta.

—¡Buenas tardes!

La gente entra y sale toda la tarde.

Nubes oscuras barren el cielo, llevándose al sol y soltando gotas grandes y pesadas sobre las láminas del techo. *Ponc, ponc, ponc.* El sonido sobre mi cabeza se hace fuerte, luego se calma y se hace fuerte otra vez. Papá prende las luces.

—¡Ya está oscuro a las tres de la tarde! —dice.

La lluvia golpea el techo tan duro que la gente tiene que alzar la voz. Cuando mis hermanos y hermanas vuelven a casa de la escuela, hacemos barcos de papel que navegamos a largo de la calle.

Luego acomodan sus libros sobre el mostrador y hacen sus tareas. De pronto, las luces se apagan. Esto sucede cuando llueve mucho. Papá busca las lámparas de gas y las bombea mientras sostenemos las linternas. Cuelga las lámparas encendidas sobre el mostrador y nosotros hacemos grandes títeres de sombra con los dedos.

Mamá va a la cocina a preparar la cena a luz de la lámpara de gas mientras papá se ocupa de la tienda.

De pronto, las luces se vuelven a encender. Santiago y María atan sus cajas de hilos armando tres **bultos**. Él carga uno en la espalda, y Elsita y su mamá cargan uno cada una sobre la cabeza. Deben apurarse para alcanzar la última camioneta de regreso a su pueblo.

Es hora de empezar a cerrar el almacén. La lluvia se reduce a una llovizna. Santiago, María y Elsita son los últimos en salir.

—¡Buenas noches!

Papá cubre la vitrina de adelante. Luego cierra todas las puertas y tranca el portón de hierro.

Clic, clac, clac. Papá cuenta el dinero con su ábaco. De una piedrita negra saca tinta negra y con un pincel chino escribe palabras en columnas, de derecha a izquierda, sobre el suave papel de su libro de contabilidad. Mamá termina su tejido. Mis hermanos y hermanas están adentro alistándose para el día siguiente.

Yo canto y bailo sobre las losas del piso. Estoy segura que papá y mamá miran de reojo. *Clic, clac, clac*. Así termina el día.

AHORA COMPRUEBA

Revisar predicciones Después de haber leído el cuento, ¿crees que esta familia está más feliz aquí que en China?

Compartamos un día con Amelia

Amelia Lau Carling

Es de origen chino pero nació en Guatemala. Estudió arte y vive en la ciudad de Nueva York desde hace muchos años. Cuenta que, mientras escribe, revive su niñez en Guatemala. Amelia nos dice que primero visualiza una idea, después la dibuja y, por último, la escribe.

Propósito de la autora

La autora cuenta cómo es un día en la vida de una familia de inmigrantes chinos en Guatemala ¿Por qué la autora escogió personajes chinos, guatemaltecos e indígenas para contar cómo vive cada día esta familia?

Respuesta a la lectura

Resumir

Piensa en el tema del cuento y haz un resumen. Escribe los detalles en la tabla para ordenar tus ideas.

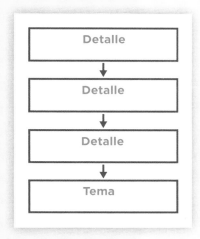

Detalle

↓

Detalle

↓

Detalle

↓

Tema

Evidencia en el texto

1. ¿Cómo sabes que *La tienda de mamá y papá* es ficción histórica? **GÉNERO**

2. ¿La familia del cuento se ha adaptado a su nuevo país? ¿Qué evidencias hay en el cuento? **TEMA**

3. La expresión *"filas de hebras arregladas como cardúmenes de peces"*, ¿es un símil? ¿Cómo lo sabes? **SÍMILES**

4. ¿Qué es lo más importante que sucede en este cuento? **ESCRIBIR SOBRE LA LECTURA**

¿? Haz conexiones

¿Qué aprendiste sobre los inmigrantes en este cuento? **PREGUNTA ESENCIAL**

¿Hay inmigrantes en tu comunidad? ¿Sabes de dónde llegaron y por qué? **EL TEXTO Y EL MUNDO**

Compara los textos

Lee sobre la primera parada que hacían muchos inmigrantes al llegar a Estados Unidos.

¡Tierra a la vista!

Si llegas a Nueva York por mar, verás la Estatua de la Libertad y la isla de Ellis.

La Estatua de la Libertad está en la isla de la Libertad en el puerto de Nueva York.

(bkgd) © Danny Lehman/Corbis

138

Hoy en día, la isla de Ellis es parte del monumento nacional de la Estatua de la Libertad. El edificio principal ahora es un museo, pero antes fue un puerto de entrada a Estados Unidos. Funcionó de 1892 a 1954. Más de 12 millones de personas entraron a Estados Unidos por aquí.

Si 12 millones de personas se pararan en una fila, podrían formar un puente sobre el océano Atlántico.

Llegan los inmigrantes

La mayoría de los inmigrantes venían de Europa. Especialmente de Italia e Irlanda. Otros venían de Rusia, Alemania, Suecia y otros países.

¿Por qué Estados Unidos? Algunos vinieron escapando de la guerra. Otros en busca de trabajo. Todos buscaban una **oportunidad**, o chance, de tener una vida mejor. Muchos venían buscando libertad. Querían tener derecho a vivir como quisieran y decir lo que quisieran.

Familias de todo el mundo venían a Estados Unidos. La isla de Ellis fue su primera parada.

La isla de Ellis en el puerto de Nueva York

Nueva Jersey

río Hudson

Nueva York

···isla de Ellis

Referencias
Tierra
Agua

···isla de la Libertad

Nueva York

N
O E
S

(t) Lewis W. Hine/Museum of the City of New York/Archive Photos/Getty Images

Los inmigrantes hablaban muchos idiomas. Tenían costumbres diferentes. Sin embargo, todos tenían algo en común. Todos habían elegido **emigrar**. Querían ir a un país nuevo. Ellos querían ser estadounidenses.

La isla de Ellis

Los inmigrantes cruzaban el océano en barcos abarrotados de gente. Cuando los barcos llegaban al puerto de Nueva York, se trasladaban a la isla de Ellis en botes más pequeños. Allí, los pasajeros esperaban convertirse en ciudadanos estadounidenses. Miles de personas llegaban todos los días.

Primero, todos debían pasar por una revisión médica. El gobierno no quería que personas con enfermedades entraran al país. Los que estaban enfermos debían quedarse en el hospital de la isla de Ellis hasta que se curaran. ¡Una persona con una infección ocular tuvo que volverse a Europa!

Además, tenían que dar un examen escrito. Debían responder preguntas, dar sus nombres y decir de qué país venían. Tenían que decir a dónde planeaban ir, y prometer que cumplirían con las leyes de Estados Unidos.

Luego de horas de espera, la mayoría recibía las buenas noticias. Estados Unidos les daba la bienvenida a su nuevo hogar.

Los médicos revisaban a todos los que llegaban, incluso a los niños.

(bkgd) © Bettmann/Corbis, (inset) © Bettmann/Corbis

Bienvenidos a Estados Unidos

En la isla de Ellis, los inmigrantes subían a botes que los llevaban a Nueva York. Muchos se quedaban allí. Se establecían cerca de sus amigos y su familia en barrios como la Pequeña Italia o el Bronx. Otros tenían que viajar un poco más lejos para asentarse. Se dirigían al oeste o al sur, a otras ciudades y estados. Algunos se iban a lugares donde conseguían trabajo en fábricas o minas. Otros encontraban trabajo en el campo. Sin importar dónde se asentaran, los inmigrantes jamás se olvidarían de la isla de Ellis.

Haz conexiones

¿Qué buscaban muchos de los inmigrantes?
PREGUNTA ESENCIAL

¿Qué historias has leído sobre los inmigrantes en América? ¿En qué se parecen a los de este artículo? **EL TEXTO Y OTROS TEXTOS**

¿? **Pregunta esencial**

¿En qué forma contribuimos a que funcione el gobierno?

Lee sobre cómo una ciudad elige a un nuevo alcalde.

¡Conéctate!

¡A votar!

Eileen Christelow

Excerpted from VOTE! By Eileen Christelow. Copyright © 2003 by Eileen Christelow. Reprinted by permission of Clarion Books, an imprint of Houghton Mifflin Harcourt Publishing Company. All rights reserved.

Imagina que tu ciudad está por elegir a un nuevo alcalde. ¿Cómo lo **elegirás**?

¡Votarás!

Votar es una forma de elegir.

Puedes votar por tus libros, estrellas de cine, barras de chocolate… ¡y hasta por tus cachorros favoritos!

Mucha gente simplemente no vota. ¿Por qué?
Tal vez creen que su voto es una gota de agua
en un océano enorme. Su voto es solo uno entre
muchos, muchos votos. Sin embargo, a veces, unos
pocos votos deciden quién gana una elección.

¿Cómo se decidió quién podía votar?

Los Padres Fundadores de este país escribieron una Constitución. Allí decía cómo nos gobernaríamos. Decía que la gente debía votar, pero no decía quién podía hacerlo. Cada estado decidió eso. ¡Y fue un problema!

Las personas protestaban. Escribían cartas. Hacían reuniones, daban discursos. Si marchaban, eran arrestadas. Hacían huelgas de hambre. Algunos murieron por defender su derecho a votar. Pasaron muchos años, cuatro reformas de la Constitución y varias leyes nuevas antes de que todos los ciudadanos mayores de 18 años pudieran votar.

Si quieres votar, necesitas inscribirte. ¿Dónde? En la oficina de tu ciudad. También puedes descargar un formulario de inscripción en internet o acercarte a una mesa de votación en un centro comercial o en una asamblea política.

¿Te unirías a un partido político? Están los demócratas y los republicanos. También podrías unirte al Partido Verde, al Partido Libertario, al Primer Partido de América o al Partido Progresista, para nombrar algunos. O puedes ser **independiente** y no unirte a ningún partido.

Antes de votar, necesitarás obtener información sobre los candidatos.
¿Cómo? A través de los diarios, la radio, la televisión o internet.
¿Estás de acuerdo con sus ideas?

¿Cómo sabemos si Chirs será una buena alcaldesa?

Nos deja dormir en el sofá. Eso es importante.

Quizás tengas la oportunidad de escuchar los debates de los candidatos. ¡Incluso es probable que puedas hacerles preguntas!

Necesitamos escuelas nuevas. Se están dictando clases en los corredores.

Vuelves a lo mismo, ¡quieres gastar nuestro dinero!

Antes de una elección, todos quieren saber quién ganará. Los encuestadores preguntan a algunos votantes por quién piensan votar. Luego, **calculan** quién ganará. Sin embargo, los votantes pueden cambiar de idea.

¿Cómo puedes ayudar a tu **candidato**? Puedes ofrecerte como voluntario para hacer llamadas o responder el teléfono, escribir los sobres o repartir volantes. Las campañas necesitan de mucha ayuda. Y mucho dinero para pagar los teléfonos, las computadoras, las estampillas, los volantes y las pegatinas y, sobre todo, ¡publicidad! ¿De dónde sacarán el dinero?

Tal vez desees donar algo de dinero para la campaña de tu candidato favorito. O, tal vez, te inviten a una cena de recaudación de fondos. ¿Te gustaría pagar $250 por una hamburguesa de primera calidad y la oportunidad de conocer al candidato?

Si donas mucho dinero, tal vez el candidato te escuche más a ti que a otros votantes. ¿Es justo eso? ¿Significa que tu voto valdrá más que el de otros votantes? Muchos no están de acuerdo con esto.

En la última semana de la campaña, los candidatos están cansados, pero dan más discursos y publican más anuncios. Tal vez, solo tal vez, convenzan a algunos otros ciudadanos para que voten por ellos.

Algunas de estas publicidades pueden ser engañosas.

Finalmente, llega el día de las elecciones.

AHORA COMPRUEBA

Volver a leer ¿Por qué se publican anuncios al final de la campaña? Vuelve a leer para responder.

A los ciudadanos se les asigna un lugar para votar, como una escuela o una biblioteca. ¿Y qué pasa si estás lejos de tu ciudad el día de la votación? Puedes recibir un voto de ausencia por adelantado. En algunos lugares, se puede votar por correo o en internet. Esto significa que hay máquinas de votación habilitadas desde algunos días antes. En todo caso, es un voto por persona. ¡No puedes regresar y votar de nuevo!

En la mayoría de los sitios hay máquinas de votación. Muchas ciudades y pueblos están instalando las nuevas máquinas electrónicas. Sin embargo, en los pueblos muy pequeños, los votantes aún marcan las papeletas de votación con un lápiz. De cualquier modo, votarás en un lugar privado. Nadie puede ver cómo votas.

Cuando termina la votación, ¡comienza el conteo! ¿Quién ganará? Quédate cerca de la televisión o de la radio para averiguarlo. En general, se **anuncia** quién es el ganador algunas horas después de que termina la votación.

¡PERO ESPERA!

¿Qué pasa si se gana por una diferencia muy pequeña? El candidato que perdió puede pedir que los votos se cuenten nuevamente. Este recuento podría llevar algunos días o más, pero luego se sabrá quién ha ganado realmente.

La votación se define. Al final, alguien gana...
y alguien pierde.

¿Estás triste? ¿Habrías deseado que ganara otro candidato? Bueno, recuerda que la alcaldesa trabaja para todos, incluso para quienes no votaron por ella. Necesitará escuchar a todos los votantes.

AHORA COMPRUEBA

Hacer y responder preguntas ¿Qué pasa cuando se recuentan los votos? Vuelve a leer la página 157 para responder.

Luego de prestar juramento, la nueva alcaldesa
tendrá algunos años para cumplir con su trabajo.

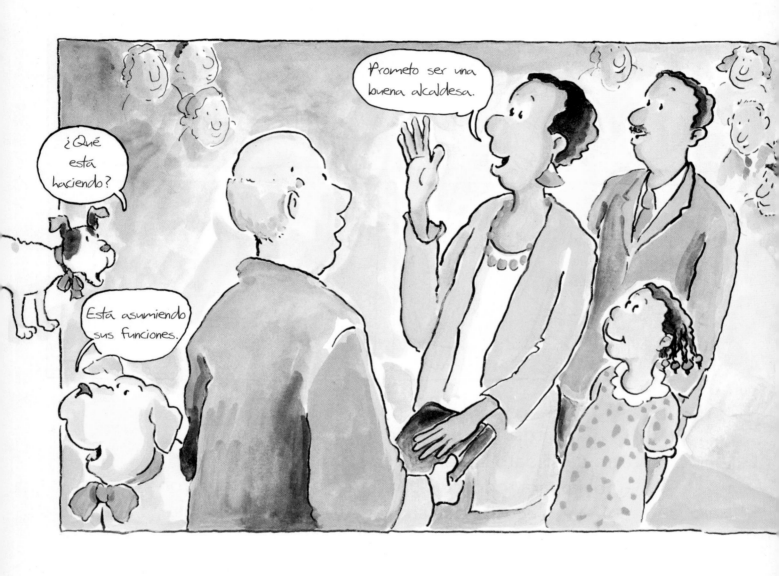

Ella no va a complacer a todos todo el tiempo,
pero si hace un buen trabajo, ¡quizás los votantes
la elijan de nuevo!

★ Aprendamos a votar con Eileen

Eileen Christelow tuvo un sueño extraño cuando tenía solo tres años. ¡Soñó que podía leer! Y así fue que en primer grado aprendió a leer. Desde ese momento, la nariz de Eileen estaba casi siempre pegada a los libros.

Luego, descubrió el arte y la fotografía. También le gustaban los libros para niños, y pensó que podría escribir e ilustrar uno. Después de mucho trabajo, publicó su primer libro. ¡Y con el tiempo, publicó muchos más! Eileen saca ideas para sus historias de los diarios, de la radio y hasta de conversaciones.

Propósito de la autora

¿Por qué crees que la autora usa a dos perros como personajes en su texto?

Jeff Baird

Respuesta a la lectura ★★

Resumir

Resume lo que aprendiste sobre las elecciones para un nuevo alcalde. Escribe los detalles en la tabla de punto de vista.

Detalles

↓

Punto de vista

Evidencia en el texto

1. ¿Cómo sabes que *¡A votar!* es un texto de no ficción? ¿Qué características tiene? **GÉNERO**

2. ¿Cuál es la opinión de la autora sobre las elecciones? **PUNTO DE VISTA DE LA AUTORA**

3. Busca la palabra *recuento* en la página 157. ¿Te ayuda el prefijo *re-* a descubrir el significado? **PREFIJOS**

4. Identifica las opiniones de la autora en el cuento que muestren su punto de vista. **ESCRIBIR SOBRE LA LECTURA**

¿? Haz conexiones

¿Por qué es importante votar en las elecciones? **PREGUNTA ESENCIAL**

¿Cómo puede la gente participar en el gobierno local? **EL TEXTO Y EL MUNDO**

Compara los textos

Lee cómo se escribió nuestra Constitución y se establecieron las normas para nuestro gobierno.

La Constitución es la ley suprema de nuestro país.

Un legado para la gente

El **gobierno** de Estados Unidos comenzó con un plan. Los dirigentes escribieron este plan hace más de 200 años. Ese plan se llama Constitución. Todas nuestras leyes provienen de la Constitución.

Saul Loeb/AFP/Getty Images

Un nuevo gobierno

En 1787, Estados Unidos era una nación de trece estados. Pero el primer plan de gobierno trajo problemas. Por lo tanto, los dirigentes se reunieron para conversar sobre un nuevo plan. Cincuenta y cinco delegados acudieron a estas reuniones. Un delegado es una persona que habla en nombre de los ciudadanos de cada estado. George Washington, el primer presidente del país, dirigía las reuniones.

Un verano de debates

Las reuniones comenzaron en mayo de 1787. Los delegados se reunieron en la Alcaldía de Filadelfia. Cerraron las ventanas porque las reuniones eran secretas. Era un día caluroso. Cuando abrieron las ventanas para que corriera aire fresco, entraron los insectos. Los delegados debatieron todo el verano entre el calor y los insectos. No fue fácil ni divertido hacer un nuevo plan para el gobierno.

Ben Franklin temía que los delegados nunca llegaran a un acuerdo.

Algunos delegados querían que una sola persona dirigiera el nuevo gobierno. Otros pensaban que debería ser un grupo. Pero todos estaban de acuerdo en que un grupo de personas debía crear las leyes para el país. ¿Cómo se escogerían a estos dirigentes? El inventor y político Benjamín Franklin asistió a estas reuniones. Él temía que no se llegara a tomar las **decisiones** necesarias.

© Bettmann/Corbis

© Bettmann/Corbis

Acuerdo para la creación de la Constitución

Creación del proyecto

Los delegados escribieron un plan y lo llamaron Constitución de Estados Unidos. La Constitución tiene pocas páginas, pero grandes ideas. Muestra cómo funciona nuestro gobierno. Dice que las personas son las que están a cargo del gobierno. Las personas votan para elegir a sus líderes. Ellos dirigen el país en nombre del pueblo.

Un gobierno justo para todos

Los delegados se reunieron durante cuatro meses. Pensaban que la Constitución era un buen plan. Sin embargo, el 15 de septiembre de 1787, no todos la firmaron. Algunos querían incluir los derechos de las personas. Un derecho es algo que tienes permitido tener o hacer. En 1791, el Congreso cambió la Constitución para proteger los derechos de los ciudadanos. Uno de estos derechos les permite a las personas hablar libremente. A estos cambios se los llamó Carta de Derechos.

Muchas cosas han cambiado desde 1787. Ahora, nuestro país tiene 50 estados. La Constitución se cambió muchas veces. Pero aún sigue siendo el plan de nuestro gobierno.

Derechos de los niños

En 1959, muchos países firmaron la Declaración de los Derechos del Niño. La declaración dice que:
- Los niños deben crecer libremente.
- Los niños deben recibir educación.
- Los niños deben tener la oportunidad de jugar.
- Los niños deben ser los primeros en recibir auxilio ante una emergencia.

Este gráfico muestra las ideas de una clase.

¿Qué derechos deben tener los niños?

Protección contra el acoso escolar.
Tener una mascota.
Jugar sin peligro.
Ir a la escuela.

0 1 2 3 4 5
Cantidad de votos

Haz conexiones

¿Por qué se escribió la Constitución de Estados Unidos? **PREGUNTA ESENCIAL**

¿De qué otras maneras puede la gente ayudar al gobierno? **EL TEXTO Y OTROS TEXTOS**

Las grullas blancas

están en peligro

Susan E. Goodman

 Pregunta esencial

¿Cómo ayudamos a que los animales sobrevivan?

Lee sobre las grullas blancas y cómo un grupo de científicos está ayudando a que estas aves sobrevivan.

 ¡Conéctate!

Klaus Nigge/National Geographic/Getty Images

Hay muchos tipos de héroes: los de las historietas, los astronautas que exploran el espacio y los médicos que curan enfermedades terribles. Nuestra historia también tiene héroes: ellos son los científicos y sus ayudantes que están salvando a las grullas blancas.

Las grullas blancas necesitan ayuda

Antes vivían grullas blancas por toda América del Norte. Pero un día la gente comenzó a cazarlas y a ocupar los pantanos donde vivían. Así, las grullas blancas fueron perdiendo los **recursos** que necesitaban para vivir.

Hacia 1941, solo quedaban quince grullas blancas en su hábitat. Parecía que se iban a extinguir, pero un grupo de personas lo evitó. El gobierno destinó un terreno como reserva natural para las grullas.

Los científicos protegieron esa pequeña colonia en Texas. Setenta años después, la **población** se ha multiplicado a doscientas aves. Sin embargo, una enfermedad o una tormenta podrían exterminarlas. Entonces, los científicos crearon otra bandada en Wisconsin. Dos bandadas es mejor que solo una.

Las grullas blancas no pueden **sobrevivir** sin un lugar donde obtener alimento y tener a sus crías.

William H. Mullins/Photo Researchers, Inc.

170

Un problema difícil

Crear una bandada de grullas es muy complicado. Ellas nacen en el norte y en el otoño migran al sur para evitar el frío. En primavera, regresan al norte para pasar allí el verano. (¿Quién dijo que las aves no son astutas?).

Los científicos tenían un problema. No podían simplemente tomar algunas grullas blancas de la primera bandada para crear una nueva. Porque cuando regresan al norte, las aves adultas solo vuelven al lugar donde nacieron. Entonces, la segunda bandada debía nacer en un nuevo sitio. ¿Cómo hacerlo posible? ¿Quiénes serían sus padres?

Una solución ingeniosa

Once huevos estaban a punto de romperse en la primavera del 2001. Sus padres estaban preparados para darles la bienvenida al mundo a estos polluelos. Es decir… ¡sus padres títeres!

Para el polluelo, este títere cumple la función de madre.

Martin Harvey/Gallo Images/Getty Images

Los científicos cuidaban a los polluelos, pero las grullas blancas no debían acostumbrarse a las personas. Tenían que mantenerse salvajes para estar a salvo. Entonces, los humanos fingieron ser grullas blancas. Vestían trajes blancos para ocultar el rostro y el cuerpo y llevaban títeres en los brazos para ocuparse de los polluelos.

Los **cuidadores** nunca conversaban cerca de los polluelos. Les "hablaban" usando cintas con la reproducción del sonido de grullas blancas verdaderas. También había grullas verdaderas en la reserva, ya que los polluelos tenían que saber cómo lucen las grullas blancas adultas.

Los cuidadores usaban los títeres para enseñar a los polluelos las mismas habilidades que les enseñarían sus verdaderos padres.

Los títeres les mostraban dónde nadar y dónde dormir. ¡Hasta les enseñaban cómo relacionarse con otras grullas!

Los científicos usaron títeres para enseñar a los polluelos a comer, a beber y a encontrar los alimentos adecuados.

AHORA COMPRUEBA

Volver a leer ¿Por qué se usaban trajes blancos y títeres? Vuelve a leer para encontrar la respuesta.

Mark Payne-Gill/naturepl.com

El padre más grande de todos

Los pilotos de aviones ultralivianos se pusieron el traje y pusieron manos a la obra.

Al principio, el avión iba por tierra. Un piloto reproducía un grito especial de las grullas, que significaba "¡Vengan, síganme!". Y eso es lo que hacían los polluelos. Por supuesto, las recompensas que les daba el títere del piloto ayudaban mucho.

Pasaron los días. El avión aceleraba y los polluelos también. La agitación de sus alas los ayudaba a moverse más rápido. Finalmente, corrieron, agitaron las alas con la fuerza necesaria y… ¡levantaron VUELO!

Al poco tiempo, las grullas volaban casi todos los días. Era importante que lo hicieran, porque el otoño se estaba acercando. Debían tener la fuerza necesaria para migrar más de 1,200 millas a Florida.

Las grullas blancas tenían que aprender a **reconocer** su hogar en Wisconsin desde el aire. El avión no las guiaría en su regreso la primavera siguiente.

Paul K. Cascio/USGS

Operación migración

Llegó el gran día. El experimento comenzó con once huevos. Dos polluelos se enfermaron y murieron. Uno no podía volar bien y fue llevado al zoológico. ¡Los otros ocho estaban listos para irse!

Un avión ultraliviano guiaba a las aves, y otro arriaba a las que se apartaban de la bandada. Los aviones y las aves despegaron. ¡Estaban volando!

Un equipo de científicos también se dirigía hacia el sur. Las aves tenían que comer y descansar cada noche, y los científicos escogían lugares seguros a lo largo del camino. El equipo se adelantó para montar un corral del tamaño de un estadio de fútbol donde se quedarían las aves.

Este avión ultraliviano guió a las grullas blancas hacia su hogar invernal en Florida.

(bkgd) © Tom Lynn/Aurora Photos/Corbis

El viaje fue difícil. Las grullas volaban hasta noventa y cinco millas en los días buenos pero solamente veinte millas en los días malos. A menudo, la lluvia o el viento las impedía volar.

Una noche triste, una tormenta gigantesca destrozó su corral. Los cuidadores pasaron horas buscando y llamando a las grullas blancas. Todas estaban bien, excepto una. Había muerto al chocar contra un cable de alta tensión.

Cuarenta y ocho días después, el avión sobrevoló el hogar invernal de las aves en Florida. En tierra, un cuidador reprodujo el grito de la grulla blanca. Las aves bajaron en picada y aterrizaron. ¡La primera parte del viaje fue un **éxito**!

Migración de las grullas blancas

Wisconsin

Referencias

Tierra

Agua

N
O E
S

Florida

Este mapa muestra el camino que hicieron las grullas blancas al migrar.

Un invierno cálido

¿Qué aprendieron las grullas blancas en Florida? ¡Que los cangrejos son deliciosos! Los caparazones eran duros, pero la carne era blanda. Los padres títeres les enseñaron a separarlos con el pico.

Al principio, las grullas se quedaron en el corral. Allí había un estanque con un padre grulla falso con quien las aves se sentían a salvo. De hecho, estaban más a salvo en el estanque. Las grullas, generalmente, duermen en el agua. Los sonidos acuáticos las alertan si hay algún depredador cerca.

Un tiempo después, los cuidadores quitaron la parte de arriba del corral, y las grullas exploraron el lugar. Los cuidadores se escondieron y observaron cómo disfrutaban de los camarones y caracoles.

Las grullas blancas regresaban al corral por la noche. Algunas veces no regresaban. Unos gatos monteses mataron a dos. Quedaron solo cinco.

Las grullas blancas aprendieron a comer nuevos alimentos, como cangrejos, en su hogar invernal en Florida.

Klaus Nigge/National Geographic/Getty Images

En la primavera, las aves comenzaron a comer más. Era una buena señal. Almacenaban energía para el viaje hacia el norte. Los científicos se preguntaban si sabrían cuándo debían irse.

Los científicos se preguntaban si las grullas blancas sabrían cuándo volar de regreso al norte, a Wisconsin.

De regreso a casa

Un día, los cuidadores escucharon señales de radio. En las patas, las grullas tenían bandas que emitían esos sonidos. ¡Se estaban yendo!

Los cuidadores tomaron dos camiones y fueron tras las señales. Debían apurarse, porque el viaje de regreso a casa sería mucho más rápido. El aire tiene corrientes, igual que el agua. Las aves las montan como los surfistas montan las olas del mar.

El primer día, las grullas viajaron doscientas millas hacia el norte. Pero ¿recordarían su ruta?

Los científicos tenían una nueva preocupación: una grulla había abandonado el grupo. Un camión regresó para rastrearla.

AHORA COMPRUEBA

Volver a leer ¿Qué preocupaba a los científicos? Vuelve a leer para responder.

PhotoStockFile/Alamy

¿A dónde iba esa grulla y por qué?

El grupo de cuatro grullas seguía volando. Cuando llegaron al lago Michigan empezaron a volar en círculos. Los rastreadores se dieron cuenta de que estaban confundidas: ¡no sabían en qué dirección ir! Dos horas después, finalmente, se dirigieron al oeste. ¡Iban por el camino correcto!

Once días después de haberse ido de Florida, estas cuatro grullas aterrizaron. Estaban muy cerca del corral en el que habían crecido.

¿Qué pasó con la última? Fue a visitar a una bandada de grullas canadienses. Estas grullas son **parientes** de las blancas. Dos semanas después, la última grulla regresó a su hogar en la reserva.

El número de grullas blancas está comenzando a aumentar otra vez.

Klaus Nigge/National Geographic/Getty Images

Un nuevo comienzo

La primera migración finalizó, pero la recuperación de la grulla blanca apenas había comenzado. El año siguiente, estas cinco grullas volaron solas hacia el sur. Los aviones ultralivianos estaban ocupados guiando a dieciséis nuevos polluelos.

Pero ahora, son los padres los que guían a sus polluelos hacia el sur. Algunas grullas han crecido lo suficiente para tener sus propios polluelos.

La grulla blanca sigue siendo una de las aves de América del Norte que corre mayor peligro de extinción, pero los científicos están esperanzados. Por suerte, la bandada sigue creciendo.

AHORA COMPRUEBA

Resumir ¿Cómo están las grullas blancas ahora? Resume lo que aprendiste de "Un nuevo comienzo".

Conozcamos a la autora

A **Susan E. Goodman** le gusta escribir sobre temas que la emocionan. La grulla blanca es uno de esos temas. "La primera vez que escuché esta historia, supe que la escribiría", dice Susan. "Es tan triste, alegre, divertida e increíble a la vez, que me da esperanzas".

Susan ha escrito más de treinta libros de no ficción para niños. Su obra la ha llevado por todo el mundo. Susan ha volado en avión al Ártico. Incluso se subió a una máquina de entrenamiento para el trasbordador espacial. Sin embargo, Susan nunca ha volado en un avión ultraliviano hacia Florida. ¡No todavía!

Propósito de la autora

¿Por qué la autora quiso contar esta historia?

(bkgd) © Tom Lynn/Aurora Photos/Corbis (inset) Michael J. Maloney

Respuesta a la lectura

Resumir

Resume cómo los científicos ayudaron a salvar a las grullas blancas. Usa la tabla para encontrar el punto de vista de la autora.

Detalles

↓

Punto de vista

Evidencia en el texto

1. ¿Cómo sabes que *Las grullas blancas están en peligro* es un texto expositivo? ¿Cuáles son las características del texto? **GÉNERO**

2. ¿Cuál es el punto de vista de la autora sobre los científicos que ayudan a las grullas blancas? ¿Estás de acuerdo con ella? ¿Por qué? **PUNTO DE VISTA DE LA AUTORA**

3. Busca la palabra *esperanzados* en la página 179. ¿Cómo te ayuda el sufijo *-ados* a descifrar el significado? **SUFIJOS**

4. Escribe sobre cómo la autora cuenta que es importante salvar a las grullas blancas. ¿Qué detalles usa? **ESCRIBIR SOBRE LA LECTURA**

Haz conexiones

¿Cómo ayudan los científicos a las grullas blancas a sobrevivir? **PREGUNTA ESENCIAL**

¿Por qué las personas ayudan a los animales en peligro de extinción? **EL TEXTO Y EL MUNDO**

Compara los textos

Lee sobre unas personas que ayudan a los manatíes.

Zonas con manatíes en Florida

Tallahassee ★ FLORIDA

Referencias
■ Zonas con manatíes
★ Capital
● Ciudad

Miami

Ayudemos al manatí

Los habitantes de Florida están preocupados porque los manatíes están en peligro. Cientos de estos mamíferos submarinos mueren cada año. La población disminuyó de 3,000 a 2,500 en doce meses. ¿Qué causó el problema? Las personas.

Manatíes en problemas

Los manatíes viven en aguas cálidas y poco profundas, como los ríos y las bahías de Florida, y en el mar. Comen algas y hierbas que crecen en el agua.

Tienen pocos predadores porque son muy grandes. Después de todo, ¡son parientes de los elefantes! Sin embargo, las personas **amenazan** su hábitat.

Cada vez vive más gente en Florida y muchos otros van de vacaciones allí. Entonces, el hábitat de los manatíes se está reduciendo.

Los manatíes viven en las costas y los ríos de Florida.

Los manatíes miden 10 pies de largo y pesan hasta 1,200 libras.

T. O'Keefe/PhotoLink/Photodisc/Getty Images

182

¿Qué afecta a los manatíes?

Algunos botes a motor chocan con los manatíes y los hieren. Los anzuelos y las redes de pesca también los lastiman. Los nadadores pueden ahuyentarlos.

Una buena acción

Save the Manatee Club ha tomado medidas para ayudar a los manatíes. El grupo educa a las personas sobre estos amables gigantes. Enseña a niños y adultos a cuidarlos y mantenerlos a salvo. También rescatan a los manatíes heridos y trabajan para que las leyes los protejan.

El club reparte carteles y letreros. Avisa a los conductores de los botes que deben ir más despacio cuando se acercan a los manatíes. El grupo también enseña a las personas a usar menos agua. Los manatíes necesitan **recursos** naturales, como el agua pura.

Ahora, la gente en Florida es más cuidadosa con el hábitat de los manatíes. Así, estos animales tienen mayor posibilidad de sobrevivir gracias a sus amigos de Save the Manatee Club.

Circule despacio, por favor

Manatíes debajo

Estos letreros educan a las personas.

 Haz conexiones

¿Cómo ayuda Save the Manatee Club a los manatíes? **PREGUNTA ESENCIAL**

¿En qué se parece Save the Manatee Club a otros grupos sobre los que has leído? **EL TEXTO Y OTROS TEXTOS**

Publicado por primera vez por Ediciones Ekaré, Caracas, Venezuela.
©1988 Ediciones Ekaré. ©1986 Javier Rondón, texto. ©1987 Marcela Cabrera, ilustraciones.

Pregunta esencial

¿Cómo se nos ocurren las ideas?

Lee este poema sobre un sapito que se olvida de todo.

¡Conéctate!

El sapo distraído

Era un sapo
verde, morado,
anaranjado,
tornasolado.

Una mañana
muy tempranito,
hizo la lista
para el mercado.

La mantequilla
de las tortillas,
la mermelada
de las tostadas.

Puso su clavel
en su gorrita
y en su patica
un **cascabel**.

Se fue brincando
y en las esquinas
cada **vitrina**
iba mirando.

¡Qué hermosas frutas
y qué colores!
¡Cuántos olores
hay por aquí!

¡Qué gente esta
tan peripuesta!
¡Y qué alboroto
por los corotos!

—¡Vendo tomate!
—grita el **marchante**—.
—Tome, doñita,
lleve parchita.

El sapo andaba
muy distraído:
¡Todo ese ruido
lo ha confundido!

Al fin el sapo
llegó a su casa.
De leche tibia
sirvió una taza.

Iba a tomarla
con mermelada,
cuando recuerda:
¡no compró nada!

Javier Rondón

Respuesta a la lectura

Resumir

Piensa en los detalles y en las palabras que usó el poeta al escribir *El sapo distraído*. Usa el organizador gráfico para hacer una lista de los detalles que describen al sapo y su punto de vista.

Detalles

↓

Punto de vista

Evidencia en el texto

1. ¿Qué características tiene el poema *El sapo distraído*? **GÉNERO**

2. Compara la rima de la tercera estrofa con la rima de la cuarta estrofa. **ELEMENTOS LITERARIOS**

3 ¿Puedes encontrar una metáfora en este poema? En la primera estrofa el poeta describe el sapo con muchos colores. ¿Qué intenta decir del sapo con la selección de colores que hizo? **LENGUAJE FIGURADO**

4. Vuelve a leer el poema. ¿Cómo se siente el sapo cuando regresa del mercado? ¿Cómo puede solucionar el problema de ser olvidadizo? **ESCRIBIR SOBRE LA LECTURA**

Haz conexiones

¿Qué hace el sapo para resolver su problema? **PREGUNTA ESENCIAL**

¿Qué otras cosas olvidamos por ser distraídos? **EL TEXTO Y EL MUNDO**

Compara los textos

Lee estos versos y adivina
lo que esconden.

Adivina adivinador

El fuego me tiene miedo,
las plantas me quieren bien.
Limpio todo lo que toco,
me tomas al tener sed.
(El agua)

Cantando olvido mis penas
mientras voy hacia la mar.
Las penas se van y vuelven
pero yo no vuelvo más.
(El río)

Texto ©2005 Manuel Peña Muñoz. Used by permission of Grupo Santillana.
Ilustrado por Paula Ramos

Se abrió en el cielo una flor
sin que la hubieran sembrado.
Con las hojas amarillas
y el corazón colorado.
(El sol)

¿Qué es lo que ustedes no
han visto ni verán
pero si lo oyen lo conocerán?
(El viento)

Para bailar me pongo la capa
porque sin capa no puedo bailar.

Para bailar me saco la capa
porque con capa no puedo bailar.
(El trompo)

Haz conexiones

Estas adivinanzas están escritas con rima. ¿Resolviste
alguna de ellas sin leer la respuesta? **PREGUNTA ESENCIAL**

Compara estos pequeños versos con el poema del
sapo distraído. ¿En qué se parecen? ¿Y en qué se
diferencian? **EL TEXTO Y OTROS TEXTOS**

published in the United States under the title MARTINA THE BEAUTIFUL COCKROACH: A Cuban Folktale retold by Carmen Agra Deedy; illustrated by Michael Austin.
Copyright © 2007 by Carmen Agra Deedy; Illustrations Copyright © 2007 by Michael Austin. Published by arrangement with Peachtree Publishers.

Pregunta esencial

¿Qué características hacen que los animales sean únicos?

Lee y descubre cómo un personaje resultó único para Martina entre varios pretendientes.

¡Conéctate!

Martina
una cucarachita muy linda
Un cuento folclórico cubano

Versión de
Carmen Agra Deedy

Ilustraciones de
Michael Austin

Martina Josefina Catalina
Cucaracha era una cucarachita muy linda
que vivía con su familia en un farol de la
Habana Vieja.

Cuando Martina cumplió 21 días,
la edad de dar su patita en matrimonio,
la casa de los Cucaracha se alborotó.

Su tía le regaló una peineta
de nácar. Su mamá, una mantilla
de encaje. Pero su abuelita, que
como todas las abuelas cubanas
sabía mucho, le dio solamente
un consejo. Fue un consejo
extraordinario.

—¿Que quieres que yo haga QUÉ? —preguntó Martina horrorizada.

—Tú eres muy bonita, Martina —dijo la abuela—. No tendrás ningún problema en encontrar esposo. Lo difícil será escoger el mejor.

—P-p-pero, Abuela —tartamudeó Martina—. ¿Qué gano con derramarle café en los zapatos?

La abuela sonrió.

—¡Se va a enojar! Y así sabrás cómo se comporta cuando pierde la paciencia. Hazme caso, mijita, la prueba del café no falla jamás.

Martina no estaba nada convencida.

Mientras tanto, su papá había mandado al perico a correr la **noticia** por el barrio. Muy pronto, La Habana entera —desde el Prado hasta el Malecón— se había enterado de que Martina estaba lista para recibir pretendientes.

Como era la costumbre, Martina salió al balcón bajo la mirada protectora de sus muchos familiares. Se sentó y, muy coqueta, cruzó todas sus paticas. No tuvo que esperar mucho tiempo.

El primero en llegar, muy inflado, fue don Gallo. Martina trató de no mirar sus zapatos **relucientes**. Por su parte don Gallo, **atento** a su imagen, la saludó con una reverencia:

—Caramba, ¡para cucaracha eres preciosa! —y añadió—: ¡Yo voy a lucir más guapo todavía contigo en el ala!

Entonces se empinó y le cantó:

—Martina Josefina Catalina Cucaracha, bellísima muchacha, ¿quieres casarte conmigo? —Martina dudó solo un instante.

—¿Un cafecito?

Como por arte de magia, apareció la abuela con una taza. Mirándola de **reojo**, Martina derramó el café sobre los zapatos de don Gallo.

—Ay, perdone, señor, es que hoy tengo las antenas cruzadas —musitó turbada.

—¡*Kikirikí*! —El gallo se sacudió furioso—. ¡Qué torpe eres, cucaracha! Ya te enseñaré yo buenos modales cuando nos casemos.

Martina se quedó de piedra. ¡La prueba del café era milagrosa!

—Qué oferta tan increíble, don Gallo —respondió distante—, pero no puedo aceptarla. Es usted demasiado **arrogante** para mi gusto.

AHORA COMPRUEBA

Visualizar ¿Qué es la "prueba del café"? Usa las descripciones para visualizar los sucesos del cuento.

En seguida se presentó don Cerdo. Su olor le puso los pelitos de punta a Martina.

—¡Uuuuy! Qué aroma… in-ol-vi-da-ble —resopló la cucarachita—. ¿Es, por casualidad, colonia de cerdo?

—¡Qué va, cariño! Es esencia de mi propio chiquero. Extracto de huevos podridos, cáscaras de malanga y frijoles apestosos.

Don Cerdo se relamió orgulloso y se puso a cantar:

—Martina Josefina Catalina Cucaracha, bellísima muchacha, ¿quieres casarte conmigo?

Martina salió disparada a buscar el café.

Con este no perdió ni pizca de tiempo.

—¡*Gronc*! ¡*gronc*! —gruñó el cerdo al ver sus mocasines salpicados de café—. ¡Qué desastre!

"¡Qué exagerado!", pensó Martina.

—Tranquilo señor, yo se los limpio.

—¡Dale! Empieza ya, pues cuando seas mi esposa estarás limpiando todo el santo día.

Martina no lo podía creer. Qué cara más dura tenía este fulano.

—Está claro que más que una esposa, don Cerdo, lo que usted necesita es una aspiradora.

La prueba del café la había salvado de otro horrible pretendiente.

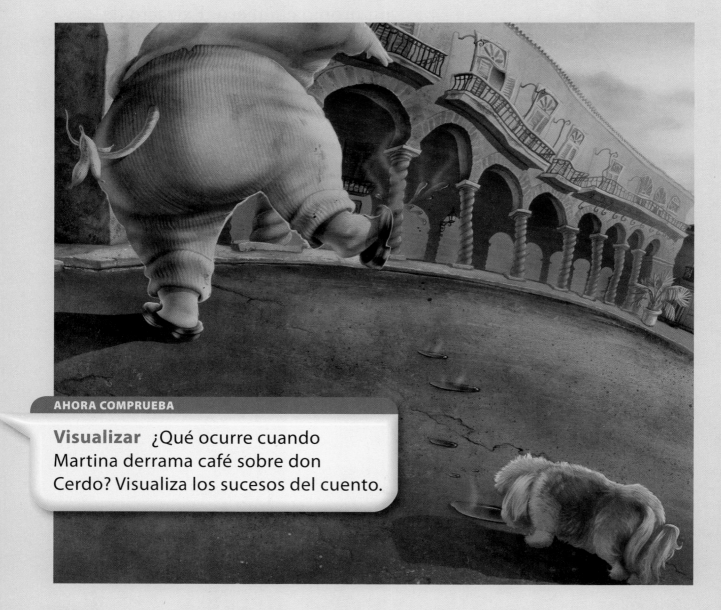

AHORA COMPRUEBA

Visualizar ¿Qué ocurre cuando Martina derrama café sobre don Cerdo? Visualiza los sucesos del cuento.

Apenas desapareció el cerdo, don Lagarto asomó por la baranda. Se puso a dar vueltas alrededor de Martina y rozó la punta de la mantilla con una de sus patas.

—¡Qué susto! —exclamó Martina retrocediendo—. No debe usted andar por ahí tan calladito.

—Yo soy así, silencioso —dijo lanzándole una sonrisa deslumbrante que a Martina le dio escalofríos.

—Ni un solo pretendiente fresco, **atrevido** y grosero más, señor Lagarto. Me duelen las antenas. Adiós.

—No me hagas eso, Martina. ¡Espera, por favor! El lagarto cayó de rodillas y suplicó:

—Martina Josefina Catalina Cucaracha, bellísima muchacha, ¿quieres casarte conmigo?

—Voy a ver si queda café —dijo Martina suspirando.

A estas alturas ya Martina no se andaba con chiquitas, y volvió con DOS tazas para los magníficos zapatos de su nuevo pretendiente.

—¡*Pssst*! —escupió don lagarto. Estaba tan bravo que cambió de color tres veces antes de poder hablar.

—Y yo que creí que serías un espléndido bocadito… quiero decir, ESPOSA.

Martina se le quedó mirando fijamente. Se podía oír caer una miga de pan.

—¡Una oferta llamativa, don Lagarto! —repuso Martina con voz de hielo—. Pero no puede ser. Usted me pone la sangre fría.

Cuando la abuela salió al balcón a recoger las tazas de café Martina todavía estaba echando chispas.

—Voy a entrar ya, Abuela.

—¿Tan pronto?

—Sí, no quiero ni pensar cómo será el próximo pretendiente.

La abuela se acercó a la baranda y señaló al jardín.

—Mmmm. ¿Y ese?

Martina miró hacia abajo. Vio un diminuto ratoncito color canela y su corazón de cucaracha se desbocó. *Tiquitín, tiquitán.*

—Es monísimo, Abuela. ¿De dónde salió?

—Ha estado ahí todo el rato.

—Y ahora, ¿qué hago? —susurró Martina.

—Baja y salúdalo, mijita.

Martina se quitó la peineta y la mantilla, y bajó corriendo al jardín. *Tiquitín, tiquitán*.

El ratoncito Pérez la estaba esperando.

—Buenas tardes. Pérez, para servirla.

La voz del ratoncito era pura melcocha. *Tiquitín, tiquitán*.

—Hola —contestó ella tímidamente—. Yo soy Martina…

—…la cucarachita linda —Pérez terminó la frase.

—¿De veras me encuentras bonita?

—Pues mira —dijo el ratoncito ruborizándose—, yo no veo muy bien, pero oigo de maravilla. Llevo días escuchándote mientras trabajo, y me pareces muy lista y muy cariñosa, Martina Josefina Catalina Cucaracha… O sea, te encuentro encantadora. Para mí lo de menos es que seas bella. *TIQUITÍN, TIQUITÁN*.

—¡Mar-ti-na-a-a-a-a, que no se te olvide! Era la abuela.

"Ay no", pensó Martina, "a este no le brindo café ni por nada".

—¡Martina Josefina Catalina Cucaracha!

—Sí, Abuela.

Martina sabía de sobra que a las abuelas cubanas nunca se les desobedece. Por eso, resignada, la cucarachita tomó la taza y se acercó al ratoncito.

Pero Pérez se le adelantó. De un manotazo, derramó el café sobre los zapaticos de seda de Martina.

—¡Lo hiciste a propósito! —dijo Martina y los dos se rieron asombrados. Al fin habían encontrado a la pareja ideal.

—Perdona, mi amor —explicó Pérez un poco avergonzado—. Es que yo también tengo una abuelita cubana.

AHORA COMPRUEBA

Volver a leer ¿Por qué Martina no quería derramar café sobre el ratoncito? Vuelve a leer para encontrar la respuesta.

Conozcamos a la autora y al ilustrador

Carmen Agra Deedy ama escribir y contar historias. Viaja por todo el mundo entreteniendo a las personas con sus cuentos. Carmen nació en Cuba y llegó con su familia a Estados Unidos en 1960. Si bien creció en Georgia, nunca olvidó la cultura cubana y quiere compartirla con nosotros a través de historias como esta.

Michael Austin creció en una pequeña ciudad de Florida. De niño, combinó su imaginación con su pasión por dibujar. Él dibujaba en rocas, platos de cartón, cajas… y, a veces, en las paredes. Ahora es ilustrador de muchos libros premiados.

Propósito de la autora

¿Qué enseñanza quiere trasmitir la autora a sus lectores?

© Peachtree Publishers (r) Courtesy of Michael Austin

Respuesta a la lectura

Resumir

Piensa cómo Martina encontró un esposo. Resume los sucesos del cuento. Escríbelos en la tabla de problema y solución para ordenar tus ideas.

Evidencia en el texto

1. ¿Cómo sabes que el cuento *Martina una cucarachita muy linda* es un cuento folclórico? GÉNERO

2. ¿Cómo ayudó la abuela a Martina a elegir un buen marido? PROBLEMA Y SOLUCIÓN

3. Busca la palabra *atrevido* en la página 203. ¿Qué palabras cercanas te ayudan a descubrir lo que significa *atrevido*? SINÓNIMOS

4. ¿Cómo presentó la autora la solución del problema de Martina? ¿Por qué es un final divertido? ESCRIBIR SOBRE LA LECTURA

 Haz conexiones

¿Por qué es Pérez, entre todos los pretendientes, único para Martina? PREGUNTA ESENCIAL

¿Por qué le gusta a la gente observar animales? ¿Por qué lo encuentra interesante? EL TEXTO Y EL MUNDO

Compara los textos

Aprende por qué algunos animales se llaman vertebrados.

Animales vertebrados

La mayoría de los animales del mundo se clasifican en dos grupos. Unos tienen columna vertebral y otros no. Las personas, las lagartijas, las lechuzas, las ranas y los tiburones tienen columna vertebral. Esta comienza en la parte trasera de tu cuello. Es una fila de huesos que baja por tu espalda hasta tu coxis.

¿Qué harías si no tuvieras columna vertebral? No podrías caminar ni sentarte derecho. Tendrías que arrastrarte como una lombriz o nadar como un pulpo. Esos animales no tienen columna vertebral.

Columna vertebral

El gallo es un vertebrado. Su columna vertebral le ayuda a tener el cuerpo erguido.

(bkgd) Jaki Good Photography/Flickr/Getty Images (inset) Illustration: Joel Harris

Tipos de vertebrados

Los animales que tienen columna vertebral se llaman vertebrados. No todos los vertebrados son iguales. Tienen **características** diferentes. Algunos son pequeños, otros son enormes. Algunos nadan, otros vuelan. Un vertebrado puede ser ave, anfibio, pez, reptil o mamífero. Los animales de cada grupo comparten una cualidad **única** que los hace especiales.

Aves

No todas las aves pueden volar, como los avestruces y los pingüinos. También hay animales que vuelan y no son aves, como las abejas y los murciélagos. ¿Qué característica especial tienen las aves en común? ¡Las plumas, por supuesto! Las plumas les dan calor. Las ayudan a volar y a transitar por el aire. El color de las plumas puede ayudarlas a esconderse de depredadores o a atraer a otras aves.

El loro es un ave. Tiene plumas y columna vertebral.

El camaleón es un reptil. Es un vertebrado de sangre fría con piel escamosa.

Reptiles

Las lagartijas y las serpientes son reptiles. Tienen su cuerpo cubierto de escamas. Como son de sangre fría, los reptiles deben vivir en lugares templados. Algunas serpientes, tortugas y cocodrilos viven principalmente en agua templada. Algunos reptiles viven en desiertos áridos. La mayoría de los reptiles tienen cuerpos bajos, cuatro patas cortas, y una cola. Las serpientes no tienen patas.

(t) Salvador Manaois III/Flickr/Getty Images (b) © Corey Hochachka/Design Pics/Corbis

Anfibios

Los anfibios pasan una parte de su vida en el agua y otra parte en la tierra. Las ranas, los sapos y las salamandras son anfibios. La mayoría comienzan su vida como un huevo flotando en el agua. Cuando nacen, lucen como peces. Respiran mediante branquias y, a medida que crecen, desarrollan piernas y pulmones y comienzan su vida en la tierra.

Las ranas son anfibios. Estos vertebrados viven en agua y en tierra.

Peces

Los peces son vertebrados y tienen una habilidad especial. Viven en el agua. No tienen pulmones para respirar aire, así que respiran oxígeno a través de branquias. Tienen más especies que cualquier otro tipo de vertebrado. ¡Hay alrededor de 32,000 tipos de peces! Estos animales de sangre fría viven en ríos, arroyos, océanos, lagos y lagunas de todo el mundo.

El pez payaso es un vertebrado que pasa toda su vida en el agua.

Vertebrados

Este cuadro compara los animales con columna vertebral.

Animal	Ratón	Pez payaso	Rana
Grupo	mamífero	pez	anfibio
Piel	pelo	piel húmeda y escamosa	piel suave y húmeda
Hábitat	bosques	océanos	lagos, lagunas
Respiración	respiran a través de los pulmones	respiran mediante branquias	respiran a través de branquias, piel o pulmones

(t) Steve Williams Photo/Workbook Stock/Getty Images (b) Georgette Douwma/Photodisc/Getty Images

Mamíferos

¿En qué se parecen el elefante y el ratón? Son vertebrados y son mamíferos. Los mamíferos son animales de sangre caliente. La mayoría tiene pelo o pelaje y la característica que tienen en común es la leche. Las mamás alimentan a sus bebés con ella. Todos los mamíferos tienen pulmones para respirar aire. La mayoría vive en la tierra. Otros, como las ballenas y los delfines, viven en el agua. Los murciélagos son los únicos que tienen alas y duermen colgados boca abajo. Mira a tu alrededor. Cuando veas animales, analízalos. ¿Son vertebrados? ¿Cuáles son sus características especiales?

El elefante y el ratón se ven diferentes, pero ambos son mamíferos. Ambos tienen columna vertebral.

¿? Haz conexiones

¿Cuál es la única característica que diferencia los vertebrados de los otros animales? **PREGUNTA ESENCIAL**

¿En qué se parecen estos animales a otros sobre los que leíste? **EL TEXTO Y OTROS TEXTOS**

(l) Image Source/Getty Images (r) Digital Zoo/Digital Vision/Getty Images

Texto © 1980 María Eugenia Blanco Palacios. Used by permission of Grupo Editorial Macmillan.

Pregunta esencial

¿Cómo puede una persona cambiar tu manera de pensar?

Lee este cuento sobre una niña que aprende a sonreír.

¡Conéctate!

Felicia y Odicia

María Eugenia Blanco Palacios
Ilustraciones de Laura Michell

FELICIA

Hace muchos años, en el hospital de un pequeño pueblo, nació una niña. Sus padres la llamaron Felicia. Cuando nació, en lugar de llorar como todos los bebés, Felicia se puso a reír. Era **sorprendente** verla reír a carcajadas en el cunero del hospital, mientras los demás bebés lloraban a su alrededor. A nadie le extrañó que sus padres la llamaran Felicia.

—¿De qué se ríe? —preguntaba la gente al verla.

—De todo —contestaban sus padres—, es una niña feliz.

Y Felicia creció feliz y sonriente. Ni siquiera lloraba cuando la llevaban a vacunar al doctor.

—Sentí cosquillas —decía.

Un día, Felicia y sus padres se fueron a vivir a una gran ciudad.

—Ahora sí se pondrá triste —dijo su padre, preocupado—. Dejará su casa, a sus amigos y el parque donde jugaba. Pero Felicia no reaccionó como esperaban:

—¡Qué padre! —dijo emocionada—. Conoceré una ciudad diferente y tendré nuevos amigos.

La nueva casa de Felicia era más bien pequeña, no tan grande y **espaciosa** como la de su pueblo.

—Felicia extrañará nuestra casa —dijo su madre preocupada—. Aquí no podrá salir a caminar como lo hacía en el pueblo. Pero Felicia dijo, como siempre:

—¡No importa que la casa sea pequeña! Así no perderé mis juguetes y todos estaremos más juntitos.

¡Cómo alegraba Felicia a sus padres! Donde quiera que estuviera, siempre estaba contenta y de buen **humor**.

Un día, la mamá de Felicia descubrió que estaba esperando un bebé.

—Vas a tener un hermanito —le anunció a Felicia, **temerosa** de que esta noticia fuera a quitarle su alegría.

—¡Qué maravilla, mamá! —exclamó la niña—. Yo te ayudaré a cuidarlo.

Poco tiempo después, nació el hermanito de Felicia. Era un niño sonrosado de enormes ojos azules. Al verlo, todos decían:

—¡Qué bello bebé!

Esto también asustaba a sus padres, pues pensaban que Felicia sentiría celos de su hermanito. Sin embargo, otra vez, los sorprendió.

—¡Qué orgullosa me siento de tener un hermano tan hermoso! —expresó—. Cuando yo sea mamá, quiero tener un niño así de bonito.

El hermano de Felicia no era como ella. Como casi todos los bebés, lloraba cuando tenía hambre o frío.

—Mamá, ¿qué hace el bebé?

—Está llorando.

—¿Por qué?

—Porque se siente triste.

—¿Qué es sentirse triste, mamá?

—Supongo que todo lo que nos hace daño o nos hace sentir mal.

—¿Por qué yo no siento eso?

—Supongo que porque siempre ves lo bueno de las cosas, sin importar qué sea, y ése es un don que debes conservar.

Unos días después, Felicia llegó a su nueva escuela. Era mucho más grande que la escuelita de su pueblo. Estar ahí le parecía una emocionante aventura.

Los primeros días de clase no fueron fáciles para Felicia, pues tuvo que adaptarse al nuevo ambiente. Sus compañeros estaban más adelantados que ella, y Felicia reprobó su primer examen de matemáticas.

La maestra creyó que esto desalentaría a Felicia, pero, como de costumbre, la niña fue muy optimista.

—Maestra —le dijo—, reprobé este examen, pero le prometo que estudiaré muy duro para el próximo.

En la escuela había unos niños que se distinguían de los demás por abusar de los más pequeños.

—¡Dame tu almuerzo! —le gritó uno de ellos a Felicia. Esperaba que ella se negara o que llorara.

—Con gusto —Felicia sorprendió a todos—. Y también te regalaré unos dulces que traigo en la mochila.

Cuando Felicia cumplió seis años, sus padres decidieron hacerle una fiesta de cumpleaños en el jardín de su casa. Adornaron todo con globos y serpentinas de colores. Muchos niños y niñas acudieron al festejo, pues Felicia era muy popular. Durante la fiesta, una enorme nube negra cubrió el jardín y comenzó a llover.

—Felicia ahora sí va a ponerse triste —dijeron sus amigas—. Su fiesta de cumpleaños se ha arruinado.

Felicia asombró de nuevo a todos: En lugar de angustiarse, se puso a bailar sonriente bajo la lluvia con la cara al cielo para sentir las gotas que caían.

—¡El agua está tibia! —gritó.

Todos los niños salieron a la lluvia y levantaron sus rostros para sentir las gotas al igual que su amiga. Empezaron a jugar y a bailar junto con Felicia. Brincaron sobre los charcos y se mojaron unos a otros. Para casi todos los niños que asistieron, esa fue la fiesta más divertida a la que hubieran ido jamás.

AHORA COMPRUEBA

Visualizar ¿Cómo se sienten los padres de Felicia? Intenta visualizar sus reacciones.

223

ODICIA

El mismo día que nació Felicia, en un hospital de la ciudad, nació otra niña a quien sus padres llamaron Odicia. A diferencia de Felicia, Odicia siempre estaba enojada. Desde que nació, se distinguió de los demás bebés por las pataletas y berrinches que hacía sin razón.

—¿Por qué llora tanto su bebita? —les preguntaban a sus papás.

—No sabemos —respondían—. Quizá se siente mal.

Conforme Odicia fue creciendo, se dieron cuenta de que siempre estaba enojada. En lugar de una sonrisa, había una **mueca** en su rostro. Los padres de Odicia intentaban hacerla feliz, pero nada la complacía. Si le compraban un caramelo rojo, lo rompía porque deseaba el azul. Si la llevaban a pasear al parque, se quejaba porque quería ir a la feria. No importaba lo que hicieran sus padres, Odicia siempre estaba de muy mal humor.

Un día, su mamá se acercó a ella para darle una noticia que, creyó, la llenaría de alegría.

—Odicia —dijo su madre emocionada—, pronto tendrás un nuevo hermanito con quién jugar.

—¡Yo no quiero a nadie más en la casa! —gritó Odicia, y a su mamá se le rompió el corazón.

El hermanito de Odicia nació algunos meses después. Ella estaba más enojada y distante que nunca. La única vez que se acercó a verlo, el bebito le sonrió y Odicia, como siempre, se puso a gritar:

—¡El bebé se está burlando de mí!

—Pero Odicia —dijo su papá—, solo te está sonriendo; seguro le agradas.

—¡No es cierto! —respondió la niña rompiendo a llorar. Luego se encerró en su recámara. Sus padres se ponían muy tristes cada vez que ella se comportaba así.

—Pronto irá a la escuela —decía su padre—. Espero que su carácter cambie.

AHORA COMPRUEBA

Visualizar ¿Cómo se siente la madre de Odicia al ver la reacción de su hija?

Pero no fue así. En la escuela, Odicia les quitaba la comida a los niños más pequeños, y si se resistían, les pegaba. También mordía y pateaba a sus compañeros de clase y hasta les jalaba el pelo a los profesores que la regañaban.

Odicia se enojaba cuando le dejaban tarea y también cuando no tenía nada que hacer. En la escuela, en vez de platicar normalmente con las niñas de su edad, les contaba historias de terror, así que muchas empezaron a tenerle miedo.

En alguna ocasión, sus padres le organizaron una fiesta de cumpleaños.

—Ahora sí se pondrá feliz —dijo su madre. Pero Odicia se comportó peor que nunca. En lugar de pegarle a la piñata, se puso a darles de palos a todos los niños de la fiesta.

Como tampoco quiso compartir su pastel con los invitados, todos empezaron a irse de su casa, y la dejaron sola.

No era de extrañar que Odicia no tuviera un solo amigo ni que nunca la invitaran a sus fiestas de cumpleaños.

UNA APUESTA

Llegó el día en el que Felicia y Odicia coincidieron en el mismo salón de clases. La maestra puso a sus alumnas a trabajar en parejas. Todas las niñas querían estar con Felicia, y nadie quería estar con Odicia, quien, como siempre, estaba enojada.

—Yo seré la pareja de Odicia —dijo Felicia de pronto.

—Está bien —dijo la maestra—, empezarán a trabajar juntas mañana.

A todas las niñas de la clase les asombró la decisión de Felicia.

—¿Por qué elegiste a Odicia? —le preguntaron—. La última vez que trabajó con alguien lo pellizcó y le sacó sangre.

—Ya lo sé —dijo Felicia—, pero nadie quiere estar con ella y a mí no me hará enojar.

Mientras hablaban, Odicia se acercó a ellas.

—¿Dices que no te haré enojar? —preguntó con amargura.

—Así es —contestó Felicia—, yo no sé lo que es estar enojada o triste, y será difícil hacerme sentir mal. Es más, yo te enseñaré a sonreír.

—Te apuesto a que no —replicó Odicia, enojada.

—Te apuesto a que sí —dijo Felicia, sonriendo, como siempre.

—Está bien —continuó Odicia—. ¿Qué vamos a apostar?

—Bueno —contestó Felicia—, quien pierda deberá hacer el trabajo de las dos. ¿Qué te parece?

—Trato hecho —dijo Odicia, mientras se alejaba de ahí.

Al día siguiente, Felicia llegó emocionada a la escuela, pues nunca había hecho una apuesta, y hacer sonreír a Odicia era todo un reto. Odicia por su parte, buscaba la forma de hacer enojar a Felicia.

—¡Buenos días, Odicia! —dijo Felicia, entusiasmada—. ¿Cómo amaneciste?

—¡A ti qué te importa!

—respondió Odicia, malhumorada.

—Hoy te ves muy bonita —continuó Felicia, buscando hacerla sonreír. Odicia se sintió agredida y gritó:

—¡Pues tú amaneciste horrorosa!

—Ya lo sé —dijo Felicia con una sonrisa y tratando de hacerla reír—. Hoy amanecí con cara de buñuelo.

Al oír esto, todas las niñas se rieron. Odicia estuvo a punto de hacer lo mismo, pero recordó la apuesta, se contuvo y dio media vuelta para irse a sentar a su lugar.

Felicia hacía chistes y bromas, pero Odicia, en vez de reírse, se molestaba, pues creía que se burlaba de ella. En cambio, cuando Odicia le hacía burla a Felicia, esta soltaba tremendas carcajadas que enfurecían más a Odicia.

—Nunca la harás reír —le decían sus amigas a Felicia—. Es demasiado enojona y amargada.

—Claro que sí —respondía Felicia—. Veo en sus ojos que no es feliz enojada. Cambiará cuando sepa lo que es reír.

Pasaron varios días y Felicia no lograba hacer reír a Odicia, que tampoco hacía enojar a Felicia. Como no lograba su objetivo, Felicia decidió ponerle una **trampa** a Odicia. Un día, mientras Odicia intentaba hacer enojar a

Felicia picándole la espalda con una pluma, esta fingió estar muy enojada, aunque por dentro, se moría de risa. Se puso a patalear y a gritar tal como había visto hacer a Odicia con frecuencia y a la menor provocación. A Odicia le sorprendió tanto verla llorando y haciendo berrinche, que mostró una gran sonrisa.

—¡Gané, gané! —repetía una y otra vez mientras brincaba de felicidad.

Por primera vez, Felicia vio una sonrisa en la cara de Odicia.

—Sí, Odicia —le dijo—, tú ganaste y yo haré el trabajo de las dos.

—¿No estás enojada por haber perdido?

—¡Qué va! —respondió Felicia,

AHORA COMPRUEBA

Volver a leer ¿Quién ha ganado la apuesta? Vuelve a leer para encontrar la respuesta.

riendo—, estoy feliz porque, además de hacer un trabajo que me ayudará a aprender, logré hacerte sonreír. ¿O no te gustó lo que sentiste al sonreír?

—Me gustó mucho. Pero dime, ¿cómo le haces para sentirte siempre tan feliz?

—Bueno, creo que cada persona puede elegir entre estar feliz o enojada. A mí me gusta estar feliz porque me hace sentir bien y me divierte. —Odicia se quedó pensativa y luego dijo:

—A mí también me hizo sentir bien.

Felicia había perdido una apuesta, pero había ganado una amiga. Sobre todo, había logrado que Odicia, a quien empezó a llamar Odi, conociera la felicidad que había estado escondida dentro de ella durante toda su vida.

La mueca de antes se convirtió en una sonrisa que le iluminaba la cara, y que la hacía verse más bonita. Una vez que Odicia descubrió esa felicidad, empezó a compartirla con los demás y jamás volvió a enojarse. Comenzó a tener amigos y amigas, y cada día fue más feliz.

Aprende a sonreír con María Eugenia y Laura

María Eugenia Blanco Palacios

Nació en México y estudió muchas carreras: derecho, historia y literatura. Además, le gusta escribir libros para niños, y a los niños les gusta leer sus libros. Los cuentos de María Eugenia hablan sobre el respeto y la cooperación. ¡Sus personajes son muy divertidos!

Laura Michell

Estudió pintura y grabado en la Escuela Nacional de Bellas Artes y ahora se dedica a la ilustración infantil porque le gusta la relación de la imagen con el texto. Le encanta inventar personajes y el mundo donde viven.

Propósito de la autora

¿Por qué la autora de *Felicia y Odicia* habrá elegido a dos niñas muy diferentes para escribir sobre la amistad?

232

Respuesta a la lectura

Resumir

¿Cuáles son los sucesos más importantes de *Felicia y Odicia*? Escríbelos en secuencia en la tabla de causa y efecto para resumir el cuento.

Personaje		
Ambiente		
Causa	→	Efecto
Causa	→	Efecto
Causa	→	Efecto

Evidencia en el texto

1. ¿Cómo sabes que *Felicia y Odicia* es una ficción realista? GÉNERO

2. ¿Qué efectos tiene la actitud de Odicia en sus padres? CAUSA Y EFECTO

3. La expresión *"con cara de buñuelo"*, ¿es un modismo? ¿Cómo lo sabes? MODISMOS

4. Escribe acerca de cómo se ayudan las amigas para ser mejores personas. ESCRIBIR SOBRE LA LECTURA

Haz conexiones

¿Qué aprendiste sobre la amistad en este cuento? PREGUNTA ESENCIAL

¿Tienes algún amigo muy diferente a ti? ¿Cómo se ayudan para ser mejores? EL TEXTO Y EL MUNDO

Compara los textos

Lee sobre una mujer que ayudó a muchos afroamericanos a educarse.

Mary McLeod Bethune

Una gran maestra

En el pasado, algunos niños en Estados Unidos no recibían educación. Mary McLeod Bethune ayudó a que eso cambiara.

Mary nació en 1875 en Carolina del Sur. Su familia vivía en una cabaña pequeña en la granja de algodón donde Mary y sus dieciséis hermanos trabajaban. En ese entonces, pocas escuelas recibían niños afroamericanos.

Los primeros años de Mary

Un día, Emma Wilson llegó a la granja. Ella quería enseñar a los niños afroamericanos. Mary tenía muchas ganas de aprender. Sus padres necesitaban su ayuda en la granja pero la dejaron ir a la escuela. Gracias al incentivo de la señorita Wilson, Mary pudo terminar la escuela. Quiso continuar el estudio, pero no tenía dinero.

Mary Crissman pagó los estudios universitarios de Mary. Pero no fue fácil, ya que muchos negaban a los afroamericanos la oportunidad de aprender. Mary mostró su **valentía** al defender su derecho a la educación.

Después de graduarse, Mary se convirtió en maestra. Ella soñaba con abrir una escuela para niñas afroamericanas.

Courtesy of The State Archives of Florida

234

Todos tienen su oportunidad

En 1904, muchos afroamericanos se trasladaron a Daytona Beach, en Florida, para construir un ferrocarril. Mary decidió abrir una escuela para los hijos de los trabajadores. Construir una escuela era un trabajo difícil. Mary alquiló una pequeña casa, y sus vecinos la ayudaron a arreglarla. Los primeros alumnos fueron cinco niñas y su propio hijo. Usaban madera quemada como lápices y jugo de bayas como tinta. Mary andaba en su bicicleta por todo el pueblo para pedir a la gente que contribuyera. Más alumnos se acercaron. Vendían verduras y daban recitales para recaudar dinero para la escuela.

Un cambio en sus vidas

En la década de 1920, Mary necesitaba un edificio más grande para su escuela. Entonces se juntó con otra escuela cercana y la llamó Instituto Bethune-Cookman.

Mary creció pobre, pero ayudó a muchos afroamericanos a tener más oportunidades.

Gracias a ella, muchos pudieron educarse. Fue una **líder** inspirada en la enseñanza y su historia todavía nos inspira.

Mary con sus alumnos en 1905

La casa de la niñez de Mary

Haz conexiones

¿Cómo Mary ayudó a cambiar el pensamiento de la gente?
PREGUNTA ESENCIAL

¿Quién más ha cambiado la vida de las personas? **EL TEXTO Y OTROS TEXTOS**

(l) Courtesy of The State Archives of Florida (r) Courtesy of The State Archives of Florida

Publications Company, a division of Lerner Publishing Group, Inc. All rights reserved. No part of this text excerpt may be used or reproduced in any manner whatsoever without the prior written permission of Lerner Publishing Group, Inc.

Pregunta esencial

¿Qué sabemos del planeta Tierra y de sus vecinos en el espacio?

Lee sobre cómo se diferencia la Tierra de la Luna y de los otros planetas.

¡Conéctate!

LA TIERRA

Jeffrey Zuehlke

© Reuters/Corbis

Nuestro planeta, nuestro hogar

¿Has visto este planeta alguna vez? Es la Tierra. Es tu hogar y el de todas las personas que conoces. Millones de personas viven aquí. También millones de plantas y animales. Esto hace que la Tierra sea un planeta especial. Hasta ahora, no se conoce que haya seres vivos en ningún otro planeta.

¿Por qué la Tierra permite el desarrollo de la vida y los otros planetas no? Nuestro planeta tiene todo lo que necesitan las criaturas para vivir, como aire, agua y calor.

Desde el espacio, los océanos se ven azules y la tierra marrón. ¿Cómo se diferencia nuestro planeta de los otros?

La gente disfruta de la luz del sol y de las temperaturas cálidas en la playa. El agua y el aire de la Tierra constituyen un lugar ideal para los seres vivientes.

(t) © Stacktrek/Corbis; (b) Toshitaka Morita/Sebun Photo/Getty Images

Los gases que la cubren, conservan el calor del Sol. Así nuestro planeta se mantiene cálido, pero no demasiado. Algunos planetas son muy fríos y no **permiten** el desarrollo de vida. Otros son muy calientes, pero la Tierra tiene la **temperatura** adecuada para los seres vivos.

Podemos estudiar la Tierra desde nuestro propio jardín. Los científicos también han aprendido sobre ella estudiando el espacio. Por ejemplo, han descubierto en qué se diferencia nuestro planeta de otros. A medida que sabemos más sobre el espacio, comprendemos por qué nuestro planeta es especial.

Al estudiar el espacio, aprendemos mucho sobre la Tierra.

Joe Sohm/Visions of America, LLC/Alamy

AHORA COMPRUEBA

Resumir ¿Qué aprendiste sobre la Tierra en esta parte? Resume la primera parte en tus propias palabras.

La Tierra y sus vecinos

cinturón de
Kulper

Neptuno

Plutón

Urano

Saturno

Júpiter

George Hamblin

La Tierra tiene muchos planetas vecinos en el espacio. Todos son parte del **sistema solar**: el Sol, los ocho planetas y rocas denominadas asteroides. También forman parte del sistema solar los planetas enanos, que son más pequeños que los ocho planetas principales.

El Sol está ubicado en el centro del sistema solar. Los planetas más cercanos al Sol son Mercurio, Venus, Tierra y Marte. Están constituidos mayormente por roca sólida, por eso los científicos los denominan planetas **rocosos**.

Este diagrama representa los planetas y los objetos en nuestro sistema solar. El cinturón de asteroides y el cinturón de Kuiper son grupos de objetos rocosos y helados.

Marte

Sol

Tierra

Venus

Mercurio

cinturón de asteroides

A Júpiter, Saturno, Urano y Neptuno se los llama gigantes gaseosos, debido a que están compuestos de gas. Son los planetas más grandes del sistema solar y los más distantes del Sol.

La Tierra es el quinto más grande entre los planetas del sistema solar, y el mayor de los rocosos. Tiene aproximadamente 8,000 millas (12,800 km) de ancho. Sin embargo, nuestro planeta es mucho más pequeño que los gigantes gaseosos. Entrarían más de 1,000 Tierras en Júpiter, el planeta más grande.

Neptuno, Urano, Saturno y Júpiter (DE IZQUIERDA A DERECHA) **son planetas gaseosos. Son mucho más grandes que los planetas rocosos.**

NASA/JPL

Mercurio Venus Tierra Marte Júpiter Saturno Urano Neptuno Plutón

Esta ilustración representa los ocho planetas en nuestro sistema solar. El Sol aparece a la izquierda y el planeta enano Plutón a la derecha. Se muestra el tamaño de cada planeta en comparación con los demás.

La Tierra es el tercer planeta desde el Sol. El Sol se encuentra, aproximadamente, a 93 millones de millas (150 millones de km) de la Tierra. ¡Para viajar esa distancia en la Tierra, tendrías que girar alrededor del globo **terráqueo** 3,733 veces!

(t) The International Astronomical Union/Martin Kornmesser (b) Jean-Claude Winkler/Photographer's Choice RF/Getty Images

Aunque el Sol está muy lejos de la Tierra, sus rayos la calientan. En los desiertos, como el Sahara, hace mucho calor.

AHORA COMPRUEBA

Resumir ¿Qué aprendiste en esta sección sobre la Tierra y sus vecinos? Resume esta parte del artículo en tus propias palabras.

Órbita de la Tierra alrededor del Sol

Tierra

promedio de 93 millones de millas (150 millones de km)

órbita de la Tierra

Sol

órbita de Mercurio

órbita de Marte

órbita de Venus

Este diagrama representa los trayectos de los planetas rocosos alrededor del Sol.

Cada planeta sigue su propio trayecto alrededor del Sol. El trayecto se denomina órbita. Las órbitas son un poco elípticas, es decir que tienen forma de óvalo. La Tierra completa su órbita alrededor del Sol en un poco más de 365 días: un viaje alrededor del Sol equivale a un año.

Además, durante el trayecto, los planetas rotan. Esto significa que giran sobre sí mismos como un trompo. Cada planeta rota sobre su eje, que es una línea imaginaria que atraviesa el centro de un planeta de arriba abajo. El eje de la Tierra está inclinado. Por lo tanto, la Tierra está caída hacia un lado mientras gira. Completa una rotación en 24 horas, es decir, exactamente en un día.

Rotación de la Tierra

dirección del giro

eje

La Tierra está inclinada sobre su eje mientras gira. Completa una rotación en 24 horas.

George Hamblin

El vecino más cercano a la Tierra

La Luna es el vecino más cercano a la Tierra. Se ve en el firmamento casi todas las noches.

La Luna es mucho más pequeña que la Tierra. Mide aproximadamente 2,160 millas (3,475 km) de ancho. Entrarían aproximadamente 50 lunas en la Tierra.

Así como la Tierra describe una órbita alrededor del Sol, nuestra Luna describe una órbita alrededor de la Tierra y tarda unos 27 días en completarla.

Al igual que nuestro planeta, la Luna rota, pero más lentamente que la Tierra. Tarda un poco más de 27 días en ejecutar una rotación completa. Como su órbita alrededor de la Tierra dura la misma cantidad de días, siempre vemos la misma cara de la Luna.

La Luna se ve pequeña al compararla con la Tierra. (La distancia real con respecto a la Tierra es mucho mayor que la distancia en esta ilustración).

NASA/JPL/USGS

Entre noche y noche, podemos ver que la Luna cambia de forma. A veces, vemos la luna llena, otras, nos parece que le han cortado una mitad. Cada noche, su forma cambia un poco. En un mes aproximadamente, crece hasta llegar a luna llena y luego se torna pequeña y desaparece.

Fases de la Luna durante 28 días

La Luna crece hasta alcanzar la mitad de su forma redonda (FILA SUPERIOR, DE IZQUIERDA A DERECHA). Está en cuarto creciente. Continúa creciendo hasta que vemos la luna llena, que brilla una o dos noches. Después, poco a poco, se torna pequeña, hasta que percibimos el cuarto menguante (TERCERA FILA DESDE ARRIBA). Finalmente, la media luna desaparece en una luna nueva.

Larry Landolfi/Photo Researchers, Inc.

La Luna está más cerca de la Tierra que cualquier otro planeta. Sin embargo, está muy lejos.

Podemos ver solo las partes de la Luna que alumbra el Sol. Mientras la Luna viaja alrededor de nuestro planeta, la luz solar la alcanza desde diferentes direcciones. Cuando esa luz alcanza la cara de la Luna que da a la Tierra, vemos la luna llena. Si alcanza la cara que no da a la Tierra, solo vemos una pequeña porción.

Parece que la Luna no estuviera tan lejos, pero lo está. Nuestra Luna se encuentra a 238,855 millas (384,400 km) de la Tierra. Imagina que manejas un auto a 50 millas (80 km) por hora. Tardarías en llegar aproximadamente 200 días, sin paradas.

AHORA COMPRUEBA

Volver a leer ¿Por qué nos parece que la Luna cambia su forma? Vuelve a leer para encontrar la respuesta.

Digital Vision/Getty Images

En la superficie de la Luna hay cráteres de diversas formas. Estos cráteres se encuentran en la cara de la Luna que no da a la Tierra.

Si llegaras a la Luna, ¿qué verías? La **superficie** de la Luna está formada principalmente por rocas grises y tierra. Verías algunas montañas y muchos valles profundos. También una gran cantidad de cráteres, que son hoyos profundos en forma de bol. Algunos cráteres miden unas pocas millas de ancho. Los más grandes, miden más de 1,000 millas (1,610 km).

Los cráteres se forman cuando las rocas o el hielo que hay en el espacio impactan la superficie de la Luna. Estos objetos se denominan meteoritos y cometas.

En esta imagen se observa la superficie gris de la Luna. Las partes oscuras son áreas con roca de lava. Desde la Tierra, vemos esta cara de la Luna.

(t) Kevin Kelley/Stone/Getty Images (b) NASA/JPL/USGS

¿Qué más notarías? Que no existe vida en la Luna, ya que casi no tiene atmósfera. Por lo tanto, no hay aire para respirar.

Sin una atmósfera, nada protege a la Luna del calor del Sol y nada retiene el calor que este brinda. Por lo tanto, en la Luna hace mucho calor y mucho frío. Las partes soleadas de la Luna alcanzan una temperatura de 253 °F (123 °C). En otros lugares, desciende a -387 °F (-233 °C).

• • • • • •

Observa el firmamento en la noche. ¿Ves la Luna, nuestro vecino más cercano en el espacio? El Sol y los otros planetas de nuestro sistema solar también están allí, aunque no los veas. Ahora contempla el suelo. Es la Tierra, nuestro hogar, nuestro planeta.

Vemos la Luna a través de una delgada capa de la atmósfera de la Tierra. La Luna no tiene una atmósfera propia.

© Corbis

Conozcamos al autor

Jeffrey Zuehlke es autor de más de cuarenta y cinco libros de no ficción para niños. Él escribe sobre personas, lugares y objetos sorprendentes. Ha escrito sobre atletas famosos y líderes de la historia. Si te interesan las quitanieves y los transbordadores espaciales, es probable que haya escrito un libro para ti. Algunos de sus libros trasladan a los lectores hacia países lejanos. Otros, exploran lugares fascinantes de Estados Unidos, como el Gran Cañón.

Digital Vision/Getty Images

Propósito del autor

¿Por qué el autor incluye fotografías y diagramas en *La Tierra*?

Respuesta a la lectura

Resumir

Indica las ideas principales que aprendiste sobre la Tierra y sus vecinos. Escribe la información en la tabla de idea principal y detalles.

Idea principal
Detalle
Detalle
Detalle

Evidencia en el texto

1. ¿Cómo sabes que *La Tierra* es un texto expositivo? Identifica las características del texto. **GÉNERO**

2. ¿Por qué la Tierra permite el desarrollo de la vida pero sus planetas vecinos no? **IDEA PRINCIPAL Y DETALLES**

3. Encuentra la palabra *rocosos* en la pagina 240. ¿De qué manera el sufijo *-oso* te ayuda a determinar el significado de la palabra? **SUFIJOS**

4. Escribe acerca de la idea principal "Nuestro planeta, nuestro hogar". ¿Por qué el autor eligió esta idea principal? **ESCRIBIR SOBRE LA LECTURA**

Haz conexiones

¿De qué manera podemos aprender más sobre la Tierra y sus vecinos? **PREGUNTA ESENCIAL**

¿Por qué la gente estudia el sistema solar? **EL TEXTO Y EL MUNDO**

Compara los textos

Esta leyenda indígena americana nos cuenta por qué hay estrellas en el cielo.

COYOTE Y EL BOTE DE ESTRELLAS

Una leyenda cochití

Hace mucho tiempo, no existían libros de **astronomía**. Tampoco había quién hablara del **sistema solar**. En lugar de eso, la gente miraba las estrellas y contaba historias sobre ellas. Esta es una de esas historias.

Una multitud de animales y personas se había reunido en el bosque. Coyote asomó su nariz entre Ciervo y Búho.

—¿Qué sucede? —preguntó.

—¡Shhh! —lo regañó Búho—. Madre Tierra está hablando.

—El cielo está vacío y oscuro. ¿Podría alguien hacer dibujos en el cielo con estas estrellas? —dijo Madre Tierra. Ella tenía un bote de barro en sus manos.

—¡Yo lo haré! —gritó Coyote moviendo la cola. Madre Tierra frunció el ceño, recordando situaciones en las que Coyote había ayudado. Todo siempre terminaba en caos, entonces le entregó el bote a un hombre alto que estaba cerca.

Jago Silver

—¡Lo lamento! —le dijo al coyote.

—¡Las personas siempre se la pasan mejor! —masculló Coyote, y se escabulló.

El hombre salpicó el cielo con algunas estrellas.

—Esta se llama Osa Mayor —dijo, y luego de acomodar con cuidado unas más—, este es Puma.

Después colocó la estrella más brillante y la llamó Lucero del Alba. Dejó el bote y miró el cielo.

Todos admiraron las hermosas creaciones del hombre. Madre Tierra sonrió. Mientras tanto, nadie vio que Coyote avanzaba entre la multitud en puntas de pie, hacia el bote.

—Yo puedo hacerlo mucho mejor —se jactó.

Solo unos pasos más y alcanzaría el bote. Estaba tan emocionado que se resbaló con una piña, dio una voltereta, ¡y cayó estrepitosamente sobre el bote de estrellas!

—¡Aaaayyy! —aulló Coyote.

Todos miraron boquiabiertos cómo flotaban las estrellas y se esparcían en el cielo. Ellas continúan allí hasta hoy, sin nombres ni organización, todo por culpa de Coyote. Y es por eso que por las noches Coyote mira hacia arriba y aúlla al cielo.

🔍 Haz conexiones

¿Por qué los cochitíes inventaron esta historia sobre las estrellas? **PREGUNTA ESENCIAL**

Compara esta historia con los artículos de no ficción que has leído sobre el espacio.
EL TEXTO Y OTROS TEXTOS

Ideas
que nos da la
naturaleza

Adrienne Mason

© Michael Rose/Frank Lane Picture Agency/Corbis

¿? **Pregunta esencial**

¿Qué ideas sacamos de la naturaleza?

Lee sobre nuevos inventos inspirados
en la naturaleza.

¡Conéctate!

A veces, un gran invento es el resultado de una situación complicada. Alrededor de 1940, George de Mestral salió a caminar con su perro. Sus pantalones y el pelaje de su perro se llenaron de pequeñas semillas llamadas arrancamoños. George quiso saber por qué estas semillas se enganchaban tan bien. Entonces observó que estaban cubiertas con pequeños ganchos. George usó esta idea para inventar el cierre de velcro. Hoy en día estos cierres de gancho y lazo se usan en zapatos, trajes espaciales y muchas otras cosas.

Inspiración

Idea

ganchos
cierres

Al observar cómo los arrancamoños se pegaban al pelo y a la ropa, un inventor se inspiró para crear un nuevo cierre.

Los arrancamoños que se adherían a las cosas le dieron a George una idea. La naturaleza proporcionó un **modelo** que George pudo imitar. **Copiar** o imitar diseños de la naturaleza se llama biomímesis (*bio* significa vida y *mímesis* significa imitar). La naturaleza está llena de modelos como las garras afiladas de los búhos o las trompas curvas de los elefantes. Aprendemos y sacamos muchas ideas de la naturaleza.

Thomas Northcut/Photodisc/Getty Images

Al observar la naturaleza se nos ocurren ideas para nuevas cosas. George de Mestral no pensó que al salir a caminar se le ocurriría una idea para crear un nuevo cierre. Pero la curiosidad y la observación lo llevaron a eso.

La naturaleza lo hizo primero

Por lo general, todo empieza con un problema que necesita una solución. Los diseñadores buscan soluciones en la naturaleza pues, muchas veces ella tiene las respuestas a las preguntas de las personas.

Hace más de cien años, los hermanos Wright, Orville y Wilbur, se preguntaban cómo hacer para volar. Para eso, observaron a las aves, que son expertas en vuelo. Al observar a las aves se les ocurrió cómo diseñar las alas de los aviones. Aunque las alas de las aves no son **idénticas** a las de los aviones, ambos pueden volar. Los hermanos Wright construyeron un avión en 1903 que fue el primero en llegar alto y volar lejos.

Leonardo da Vinci fue un artista e inventor que vivió hace más de 400 años. Él miraba las alas de las aves y dibujaba planos de máquinas voladoras.

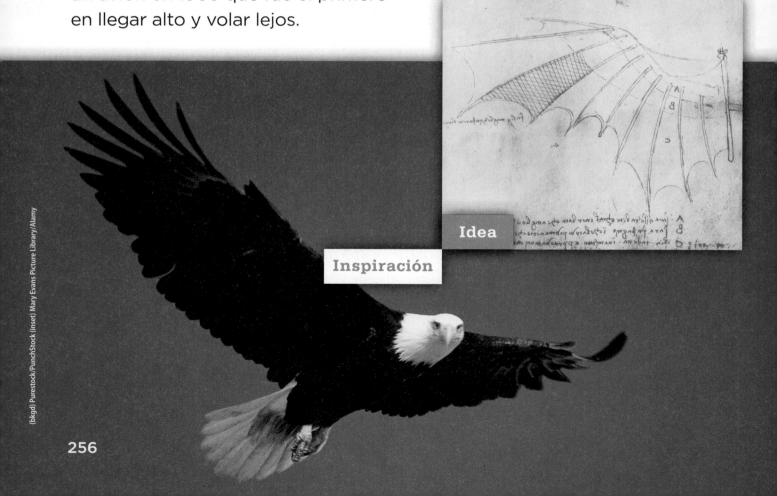

Idea

Inspiración

(bkgd) Purestock/PunchStock (inset) Mary Evans Picture Library/Alamy

Inspiración

Idea

Formas inteligentes

Los peces y los automóviles tienen un problema en común: necesitan energía para moverse. Los peces obtienen energía de la comida. Los autos, del combustible.

Los diseñadores estudiaron la forma del pez cofre. Descubrieron que su forma cuadrada era hidrodinámica. O sea, que se desplaza sin gastar energía. Al hacer un automóvil nuevo con una forma **similar** a la del pez cofre, crearon un automóvil aerodinámico que ahorra gasolina.

La estructura del automóvil también es similar al esqueleto de los peces. Esto ahorra dinero en **material** y refuerza los lugares que más lo necesitan.

Al observar a los peces, los diseñadores de automóviles idearon una nueva forma de automóvil.

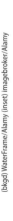

(bkgd) WaterFrame/Alamy (inset) imagebroker/Alamy

257

Ahorradores de energía

El aire acondicionado mantiene fresco el ambiente de los edificios, pero la forma que tiene el edificio también ayuda. En África, los termiteros son un **ejemplo** de una estructura autorrefrigerante. Los agujeros en la parte inferior permiten que el aire suba a través de túneles y fluya hacia arriba. Las termitas diseñaron una forma **efectiva** de refrigeración, y los constructores las imitaron. Durante el día, hay ventiladores en el primer piso que impulsan aire fresco en el interior del edificio. El aire sube y fluye a través de las chimeneas del último piso. Este diseño ahorra dinero y energía.

¿En qué se parece un termitero a este edificio de África? Ambos necesitan una forma de refrigeración.

AHORA COMPRUEBA

Resumir ¿Qué aprendiste de la lectura "Ahorradores de energía"? Cuenta de qué trata la sección.

Idea

Inspiración

(bkgd) John Beatty/Stone/Getty Images (inset) Ken Wilson-Max/Alamy (bkgd) Minden Pictures/SuperStock (inset) Nic Delve-Broughton, University of Bath

Inspiración

Idea

Expertos en movimiento

Los robots pueden explorar lugares que son peligrosos para las personas. Aunque no pueden caminar, tienen que viajar por huecos y baches, y a veces se atascan. Los diseñadores se encuentran trabajando en un robot llamado Jollbot. El nombre Jollbot viene de las palabras *jump* (*saltar* en inglés) y *roll* (*rodar* en inglés). El Jollbot puede hacer las dos cosas. Ellos sacaron esta idea de las patas superelásticas de los saltamontes.

Los saltamontes y el robot Jollbot pueden saltar.

Fabricantes de túneles

Hace más de 200 años, un ingeniero intentó hacer un túnel bajo el río. Pero las paredes se caían. Entonces vio cómo el gusano taladro se abría paso en la madera. Este animal utiliza un escudo duro para taladrar, y luego construye un tubo a lo largo de las paredes del túnel. El ingeniero imitó al gusano taladro para construir el túnel del Támesis. A medida que él taladraba, los albañiles cubrían las paredes con ladrillos.

Los gusanos taladro y los constructores de túneles necesitan una manera segura de taladrar la madera o la piedra.

Idea

Inspiración

gusano taladro

túnel del gusano taladro

(bkgd) blickwinkel/Alamy (inset) Science & Society Picture Library/Getty Images

Inspiración

Idea

A combinar nuevos materiales

Los pequeños filamentos de las patas de las lagartijas las ayudan a caminar por las paredes. Pueden incluso aferrarse a los techos. Los científicos estudiaron los pies de la lagartija para crear vendas rugosas, que son tan adhesivas que se pueden pegar a superficies húmedas como un corazón humano.

Los médicos idearon vendajes superadhesivos inspirados en las patas autoadherentes de las lagartijas.

AHORA COMPRUEBA

Resumir ¿Qué aprendiste de la lectura de la sección "A combinar nuevos materiales"? Resume con tus propias palabras.

(bkgd) Volker Steger/Photo Researchers, Inc. (inset) Robert Langer and Jeff Karp

Inspiración

Idea

Trabajo conjunto

Las aves vuelan en bandadas. Los peces nadan en cardúmenes sin estrellarse. Los automóviles también se mueven en grupos, pero a veces chocan. Actualmente, los diseñadores de automóviles están aprendiendo de las langostas. Estos insectos viajan juntos sin chocarse.

Gracias a las langostas, los diseñadores sacan ideas para diseñar automóviles más seguros.

(bkgd) Kazuyoshi Nomachi/Photo Researchers, Inc. (inset) Matt Mawson/Flickr/Getty Images

AHORA COMPRUEBA

Hacer y responder preguntas ¿Por qué los diseñadores de automóviles estudian a las langostas? Vuelve a leer para encontrar la respuesta.

Aprender de los expertos

La biomímesis demuestra que lo que funciona en la naturaleza también puede funcionar para las personas. Tiene sentido. Si necesitas un material fuerte y elástico existe la seda de araña. Esta es una de las fibras más fuertes de la naturaleza. Es flexible como una banda elástica y fuerte como el acero. Si necesitas un pegamento que se endurezca en agua salada, observa cómo hacen los percebes y mejillones para pegarse a las rocas.

La naturaleza también nos enseña cómo ayudar al planeta. La naturaleza es eficiente porque no derrocha materiales ni energía. Y los diseños naturales no contaminan el aire ni el agua. ¡Esa es una idea que vale la pena imitar!

Esta es una tela tejida con la seda que usan las arañas para tejer sus telarañas.

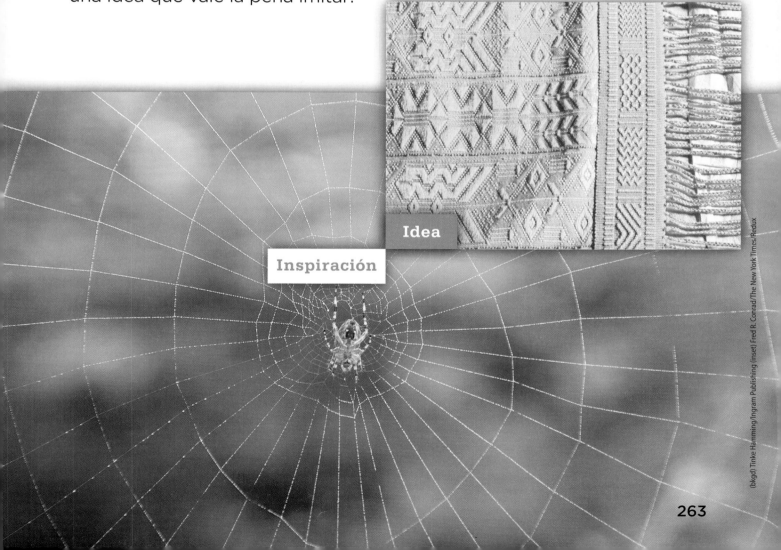

Idea

Inspiración

(bkgd) Tinke Hamming/Ingram Publishing (inset) Fred R. Conrad/The New York Times/Redux

Conozcamos a la autora

Adrienne Mason estudió para ser científica. Más adelante decidió que la vida de laboratorio no era para ella. En cambio, como amaba hablar y escribir sobre ciencia, comenzó a escribir libros. Ha escrito más de veinte libros para niños. La mayoría son sobre ciencia, naturaleza e historia. Cuando no escribe, a Adrienne le gusta hacer actividades al aire libre. Anda en bicicleta, hace excursiones, campamentos y caminatas en una playa cercana a su casa en el oeste de Canadá.

Propósito de la autora

¿Por qué crees que la autora incluyó fotografías de ideas y de inspiración?

(bkgd) Minden Pictures/SuperStock (inset) Patrice Hansen

Respuesta a la lectura

Resumir

¿Qué ideas de la naturaleza usaron los inventores para crear nuevos productos? Usa la tabla para resumir la información.

Idea principal
Detalle
Detalle
Detalle

Evidencia en el texto

1. ¿Cómo sabes que *Ideas que nos da la naturaleza* es un texto expositivo? **GÉNERO**

2. ¿Cuál es la idea principal de este artículo? ¿Cuál es el detalle clave que la respalda? **IDEA PRINCIPAL Y DETALLE**

3. Busca la palabra *inspiración* en las etiquetas de las fotografías. ¿Cuál es la raíz de la palabra *inspiración*? ¿Y qué significa? **RAÍCES DE PALABRAS**

4. Vuelve a leer la sección "Expertos en movimiento" y explica los detalles que se relacionan con el título. **ESCRIBIR SOBRE LA LECTURA**

 Haz conexiones

Describe cómo la naturaleza nos da una nueva idea. **PREGUNTA ESENCIAL**

Piensa en uno de los inventos de este artículo. ¿Cómo contribuyó a mejorar nuestro mundo? **EL TEXTO Y EL MUNDO**

Compara los textos

Lee sobre cómo las espinas de pescado inspiraron a un joven inventor hace mucho tiempo en Atenas.

El invento de Perdix

En los tiempos de los dioses, vivía un inventor llamado Dédalo, famoso en Grecia por sus buenas ideas y su mal carácter.

Un día, Dédalo escuchó que llamaban a la puerta de su taller.

—¿Quién interrumpe mi trabajo? —gruñó.

—Soy yo, tío —dijo su sobrino Perdix, de 12 años—. Quiero ser un gran inventor. ¿Me enseñarías?

A Dédalo le dolía la espalda de tanto cortar leña. Le dolía el hombro de tanto barrer. En realidad no tenía ganas de enseñarle a Perdix. Entonces tuvo una idea.

—Si haces todas las tareas, te dejaré observar cómo invento cosas —le dijo.

Perdix hacía las tareas, cocinaba y **observaba** cómo trabajaba Dédalo. Al niño se le ocurrían algunas ideas ingeniosas. Quería hacer un hacha más pequeña para cortar leña. Dédalo no estaba de acuerdo.

—Déjame las invenciones a mí —gruñía todo el tiempo.

John Manders

Una tarde, Perdix asó un gran pescado para el almuerzo. Luego de comer, Dédalo se relamió y se chupó los dedos.

—Estuvo bueno, Perdix, pero he comido mejores —dijo.

Perdix suspiró y comenzó a lavar los platos. Mientras lo hacía, se cortó el dedo con el espinazo dentado del pescado. Lo levantó y estudió sus bordes afilados.

"Yo puedo **copiar** este diseño y fabricar una magnífica herramienta para cortar la madera", pensó.

Al día siguiente, Perdix serruchó toda la leña antes de que Dédalo se despertara.

—¿Cómo hiciste para terminar el trabajo tan temprano? —gruñó Dédalo.

—Fue fácil con mi nuevo invento —dijo Perdix. Y le mostró la sierra.

Dédalo era reacio a elogiar a su inteligente sobrino.

—Debería ser *mi* invento ya que cocinaste ese pescado para mí —dijo con desprecio.

Perdix sonrió y en ese momento se dio cuenta de que él también era un gran inventor.

¿? Haz conexiones

¿Cómo se inspiró Perdix en la naturaleza? PREGUNTA ESENCIAL

Compara la historia de Perdix con otras sobre inventos.
EL TEXTO Y OTROS TEXTOS

Viajar en tren de costa a costa

Este tren es un modelo de una vieja locomotora a vapor. Se encuentra en el Sitio Histórico Nacional del Clavo de Oro en Utah.

Pregunta esencial

¿Qué hace que un suceso histórico sea único?

Lee sobre cómo el ferrocarril transcontinental cambió Estados Unidos.

¡Conéctate!

© George H.H. Huey/Corbis

Los trabajadores toman un descanso en la construcción de un ferrocarril a través del país.

¿Por qué la gente quería ir al oeste?

En 1825, llegó el primer ferrocarril a Estados Unidos. La gente descubrió que el tren era una forma de **transporte** mucho más rápida que el caballo o la caravana. Veinticinco años después, una red de ferrocarriles conectó pueblos y ciudades en la Costa Este.

Pero, no había una forma rápida de viajar a la Costa Oeste. El viaje llevaba meses. En 1841, los primeros **pioneros** se trasladaron en caravanas de carromatos desde Missouri hasta Oregón. En 1849, se descubrió oro en California. El viaje en carreta a través del país era duro, largo y peligroso. La gente quería una forma más segura y confortable de viajar. Los comerciantes querían trasladar la mercadería más rápidamente. Entonces, el gobierno pensó construir una nueva vía de ferrocarril. Esta conectaría todo el país.

La construcción del ferrocarril

En 1862, el presidente Abraham Lincoln y el Congreso acordaron que debía construirse un ferrocarril que conectara el este con el oeste. Eligieron dos compañías para que tendieran las vías. Una compañía empezó el trabajo en Sacramento, California, y siguió hacia el este.

AHORA COMPRUEBA

Resumir ¿Por qué era importante que un ferrocarril atravesara Estados Unidos?

© Bettman/Corbis

Ferrocarril transcontinental

El mapa muestra dos vías de ferrocarril que se unen para poder viajar en tren a través del país.

Promontory Point

Omaha

N
O ← → E
S

Sacramento

Referencias

▦ Vías del ferrocarril

● Ciudad

La otra compañía comenzó en Omaha, Nebraska, y continuó hacia el oeste. Las vías debían atravesar casi dos mil millas de desierto y montañas.

El tendido de las vías era un trabajo difícil y agotador. A menudo el tiempo no era **placentero**. Los trabajadores debían trabajar largas horas en el frío, el calor y las tormentas.

Muchos de estos trabajadores eran de China. Habían venido a Estados Unidos en busca de una mejor vida. Arriesgaron sus vidas para ayudar a Estados Unidos a construir el ferrocarril.

Un viaje más rápido

El 10 de mayo de 1869, las vías se unieron en Promontory Point, en Utah. El nuevo ferrocarril facilitó la inmigración. En caravana, el viaje de Missouri a California duraba cinco meses. Ahora, el mismo viaje podía hacerse en unos nueve días. Por eso, la gente que viajaba al oeste **apreciaba** los ferrocarriles.

Los trenes llevaban correo y mercancías. La gente construía comercios y fábricas, entonces las ciudades crecieron al costado de la ruta del ferrocarril.

Los dueños del ferrocarril colocaron un clavo de oro donde se unían las vías del este y del oeste.

© Bettman/Corbis

Los trenes siguen en movimiento

Los trenes continúan siendo importantes en Estados Unidos. Cada año, llevan millones de toneladas de mercancías. El carbón es el producto más importante. Se usa para dar energía eléctrica y para la calefacción de hogares. Sin ellos, las compañías cerrarían y las casas no podrían templarse.

Mucha gente también usa el tren para trabajar o para viajar a través del país. Los trenes contaminan menos el aire que los autos, y no causan congestión de tránsito.

En la actualidad, los trenes llevan de todo, desde ladrillos hasta carbón.

Por eso se dio una **explosión demográfica** en el oeste. La economía de Estados Unidos prosperó a medida que la gente se trasladaba hacia el Pacífico.

Hoy, los **descendientes** de estos emigrantes ya no usan el ferrocarril. Ellos usan en su mayoría otro tipo de **vehículo**. Viajan en automóvil. Pero fue gracias al ferrocarril transcontinental que mucha gente vive hoy en California.

Respuesta a la lectura

1. ¿Cómo sabes que este es un texto expositivo? **GÉNERO**

2. ¿Cómo se construyó el ferrocarril transcontinental? Cuenta los sucesos en orden. **SECUENCIA**

3. La palabra *confortable* tiene un sufijo. ¿Qué significa? **SUFIJOS**

4. ¿Por qué son importantes los ferrocarriles en la actualidad? **EL TEXTO Y EL MUNDO**

© Steve Crise/Transtock/Corbis

Compara los textos

Lee sobre cómo aprendemos acerca de sucesos importantes del pasado.

Descubre el pasado

En el pasado, la gente escribía diarios personales y cartas a mano. También escribían autobiografías para contar las historias de sus vidas. Los diarios y las autobiografías muestran lo que sentían y pensaban las personas. También dan detalles de su vida cotidiana. Describen lo que la gente comía y el tipo de transporte que usaba.

Los carteles, las fotografías y los periódicos antiguos son otro medio para conocer detalles del pasado. Los discursos y las canciones también. Las fotografías muestran la ropa que se usaba y cómo se divertían.

Tanto las palabras como las imágenes del pasado nos ayudan a conocer cómo se vivía antes. Cuentan la historia de las personas, los lugares y las cosas. Nos hacen viajar al pasado.

Este cartel fue un anuncio del ferrocarril transcontinental en 1869.

© Bettmann/Corbis

272

El diario de una pionera

Sallie Hester tenía catorce años cuando viajó hacia el oeste en una caravana de carromatos, en 1849. Ella escribía un diario. Una parte de ese diario se puede leer abajo. ¿Qué detalles sobre la **inmigración** puedes conocer gracias al diario de Sallie?

En la década de 1840, miles de familias se trasladaron al oeste, a Oregón y California, en caravanas de carromatos.

Primavera de 1849

Cuando acampamos de noche, formamos un corral con carromatos y armamos nuestras carpas afuera. Dentro del corral colocamos el ganado, con guardias ubicados fuera de las carpas...

Tenemos una mesa portátil, platos y vasos de lata, cuchillos y tenedores baratos, taburetes plegables, etcétera... Nos alimentamos con tocino, jamón, frutos secos, mantequilla, pan, café, té y leche, ya que tenemos nuestras propias vacas.

 Haz conexiones

¿Qué aprendemos sobre la historia en los diarios, periódicos y fotografías? PREGUNTA ESENCIAL

¿Qué aprendiste sobre el transporte del oeste a través de fotografías viejas y diarios? EL TEXTO Y OTROS TEXTOS

The Protected Art Archive/Alamy

La chirimoya

Teresina Muñoz-Nájar
Ilustraciones de Omar Zevallos

Cuando los españoles llegaron al Perú hace
más de 500 años y me encontraron en las
quebradas andinas, quedaron maravillados
conmigo. Apenas me probaron se relamieron
de gusto. "¡Qué delicia!, ¡qué blanca!, ¡qué
delicada!", comentaban felices.

Y es que soy así: dulce pero también un
poco ácida, cremosa y muy perfumada.

Pregunta esencial

¿Qué elección es mejor para nosotros?

Lee la historia de una fruta que conquistó
a los españoles y al mundo entero.

¡Conéctate!

Colección Historias Deliciosas; Obra: La chirimoya; Autora: Teresina Muñoz Nájar; Autor de ilustración: Omar; Producción general: Jackie Orjeda.

275

Los cronistas hablaron mucho de mí. Ellos eran unos señores que apuntaban todo lo que veían en unas libretas grandes y gruesas, que después se convertían en libros importantísimos. También me estudiaron y **saborearon** los primeros viajeros que llegaron a América a **curiosear** y a sorprenderse con tantas novedades.

Mis cronistas favoritos son dos: el padre Bernabé Cobo y el Inca Garcilaso de la Vega.

El padre Cobo, que escribió muchas cosas sobre los incas, llegó de España al Perú cuando apenas tenía 16 años y murió en Lima. En cambio Garcilaso nació aquí. Su madre fue una princesa inca y su padre un militar español. Así que su información es de primera mano.

AHORA COMPRUEBA

Hacer y responder preguntas ¿Quién descubrió la chirimoya primero? Sigue leyendo para responder la pregunta.

277

Garcilaso es muy, muy famoso, igual que su libro "Los Comentarios Reales". Allí cuenta que los españoles me llamaban "manjar blanco" porque cuando me partían por la mitad, cada mitad parecía un tazoncito con una crema igualita al manjar, solo que con pepitas negras.

Y el padre Cobo contaba que las hojas de mi árbol curaban algunas enfermedades.

Pero mucho antes de la llegada de los españoles ya teníamos nuestra fama. Estábamos entre las frutas favoritas del señor de Sipán, un jefe mochica muy importante.

Como en esa época no existían las cámaras de fotos, los mochicas y los chimú, que así se llamaban los antiguos peruanos que vivieron antes que los incas, tallaron mi figura con sus propias manos. ¡Ahora estoy en los museos!

AHORA COMPRUEBA

Hacer y responder preguntas La chirimoya es deliciosa, pero ¿será saludable? ¿Qué otras propiedades tiene esta fruta?

CHIRI...

Mi nombre está formado por dos palabras quechuas, que significan "fruta fría". Yo creo que me llamaron así porque mis árboles pueden sobrevivir en las alturas, pero prefieren los climas templaditos. Los agricultores que me conocen dicen que aunque no soportamos la nieve nos gusta verla de lejos.

Y aparecí por primera vez en unos valles muy lindos que hay entre Ayabaca, Piura (Perú) y Loja (Ecuador).

El chirimoyo, que así se
llama mi árbol, es muy gracioso:
le gusta crecer en los **barrancos** donde
es muy difícil cosecharme. Pero como soy
tan rica a nadie le molesta treparse hasta
alcanzarme.

Eso sí, soy muy delicada. No soporto las
lluvias ni los vientos fuertes y me
tienen que cuidar bastante para
que crezca sanita y deliciosa.

Mis semillitas que son negras y pequeñas son muy poderosas. A los hombres y mujeres no les pasa nada si las muerden, pero otros seres vivos como los insectos no la pasan muy bien.

Molidas sirven para matar a los fastidiosos piojos. Y convertidas en aceite acaban con las garrapatas que se comen mis hojitas.

En mi familia hay varias frutas tan simpáticas como yo, por ejemplo el anón y la guanábana, que es más conocida. Es un poquito más grande que yo, pero no es tan dulce. En el Perú la usan para preparar una riquísima mazamorra llamada "champuz".

Fue una de las primeras frutas en irse a Europa, luego de que unos marineros que llegaron con Colón la encontraron en el Caribe.

A mí, como soy tan delicada, me ha sido difícil viajar de un país a otro. En cambio mi prima se fue muy rápido a todos los países tropicales del mundo. Hay jugo de guanábana embotellado y también hay conservas de su pulpa.

El anón es muy raro. No se encuentra fácilmente en los mercados.

Los anones crecen en algunas huertas de las zonas amazónicas. Es muy divertido comerlos pues se les pela la cáscara de arriba hacia abajo y luego quedan como si fueran paletas de helados. Con ellos también se puede preparar jugos, helados y mermeladas.

En el Perú hay lugares donde somos riquísimas. En Canta, que es una provincia de Lima, crecemos **abundantemente** sobre todo en los meses de junio y julio.

En el pueblo de Collo, que queda cerca de Canta, nosotras y las paltas tenemos nuestro propio festival, donde cada año hay concursos para elegir a la chirimoya más grande.

Pero las chirimoyas más famosas somos las de Cumbe, en Matucana, cerca de Lima. Algunas llegamos a pesar dos kilos y podemos ser tan grandes como la cabeza de una persona. Además somos las que menos semillitas tenemos y nuestra piel es muy lisa.

Cuando mi prima la guanábana y yo llegamos
a Europa nos **cultivaron** primero en huertos y
jardines, y después en terrenos cada vez más grandes
porque la idea era vendernos en los mercados.

El país europeo que cultiva más chirimoyas es
España. Y los más grandes productores en América
son Chile, Perú, Costa Rica y México.

En lugares como el Japón, hasta donde llegamos en avión porque ahí no nos cultivan, podemos costar una gran cantidad de dinero. ¡Somos las frutas más caras que hay!

Pero no solamente viajamos como fruta fresca, también nos presentamos como harina (para hacer helados), en esencia, en pasta y en crema.

De cualquier forma, en todas partes nos quieren bastante. Tal vez sea porque muchas tenemos forma de corazón. O porque nuestro sabor recuerda al plátano, a la piña y a la fresa. ¡Todo el mundo nos quiere!

AHORA COMPRUEBA

Resumir La chirimoya es una fruta preciosa debido a sus características. Vuelve a leer y busca 3 detalles que la hacen tan particular.

Chirinotas

Mejor amiga
La fruta que mejor se lleva conmigo es la naranja. Mi **pulpa**, blanca y tierna se vuelve más rica si se le exprimen unas gotitas de naranja.

¿Qué dicen los botánicos?
Que mi nombre en latín es *Annona cherimola*. Y el de mi prima la guanábana es *Annona muricata*.

¡Cuidado!
Soy tan delicada que si quieren llevarme fresca de un lugar a otro tienen que hacerlo en avión. No me pueden congelar porque me arruino.

Adiós al dolor
Muchos científicos dicen que mis hojas, colocadas un buen rato sobre una espalda adolorida, alivian en un dos por tres.

Lenguas extranjeras
Los franceses me dicen *pomme canelle* y los portugueses *anona*. En inglés soy: *fruit of the chaffey*.

Deli, deli
Los postres más ricos se hacen conmigo, también flanes, yogur, helados, y batidos. Pero muchos creen que así no más, fresquita, es cuando más rica soy.

Lindos apodos
Me han puesto nombres muy bonitos como "La reina de las frutas subtropicales" o "la perla de los Andes".

Descubre la chirimoya con Teresina y Omar

Teresina Muñoz-Najar

es una destacada periodista, docente y autora peruana. Escribió tres series de libros para niños, una de las cuales es *Historias deliciosas,* colección en la que productos típicos de Perú, como la chirimoya, la papa y el cacao, son los protagonistas. Teresina quiere que los niños aprendan divirtiéndose.

Omar Zevallos Velarde

es un talentoso, conocido y entretenido humorista gráfico y caricaturista peruano. Sus obras se han expuesto en salones de humor y en museos de casi todo el mundo. Ha publicado tres libros de humor gráfico y ha recibido numerosos premios internacionales.

Propósito de la autora

En este relato, la autora cuenta la historia, el origen y las propiedades de la chirimoya. ¿Qué más nos quiere contar la autora a través de la historia de una fruta?

Respuesta a la lectura

Resumir

Busca los detalles que usó la autora en *La chirimoya* para descubrir el punto de vista de la narradora. Haz un resumen usando el organizador gráfico para ordenar tus ideas.

Detalles

↓

Punto de vista

Evidencia en el texto

1. ¿Cómo sabes que *La chirimoya* es ficción histórica? **GÉNERO**

2. ¿Quién es la narradora? ¿Qué piensa la narradora de los otros personajes del relato? **PUNTO DE VISTA**

3. Usa lo que sabes sobre raíces de palabras y terminaciones para descubrir el significado de la palabra *cronista*. **RAÍCES DE PALABRAS**

4. ¿Qué detalles usa la autora para describir la chirimoya? **ESCRIBIR SOBRE LA LECTURA**

Haz conexiones

¿Cuál es tu fruta preferida? ¿Por qué? **PREGUNTA ESENCIAL**

¿Conoces otros alimentos de origen americano? ¿Cuáles? **EL TEXTO Y EL MUNDO**

Compara los textos

Aprende a elegir alimentos saludables para obtener energía.

¡Comamos bien!

Los alimentos son energía

Cada vez que vas al mercado, ves una **variedad** de alimentos. ¿Cuáles eliges? ¿Por qué importa lo que comes?

Es importante porque te mueves todo el día. Vas a la escuela, juegas con amigos y haces tu tarea. Toda esa actividad consume energía. Obtienes esa energía de los alimentos. Necesitas comer alimentos que producen energía porque, a diferencia de las plantas, tu cuerpo no produce su propio alimento.

Energía del sol

Piensa en el tomate que comiste en el almuerzo. Comenzó como una semilla pequeña. Una semilla contiene el alimento suficiente para empezar a crecer. La planta usa la energía del sol para transformar el agua y el aire en alimento. Usa el alimento para producir tomates. Un agricultor cosecha los tomates y los envía a un supermercado.

Las plantas pueden producir su propio alimento con la luz del sol.

(t) Ingram Publishing (b) © Peter Frank/Corbis

La próxima vez que vayas al mercado, ¿qué comprarás? Podrías escoger un tomate rojo y jugoso por dos razones: es **saludable**, delicioso y también es bueno para ti. Y sobre todo, ¡te da energía!

Puedes conseguir verduras y frutas saludables en el supermercado.

Receta para una salsa

Usa un tomate para hacer un tentempié saludable.
Pide a un adulto que te ayude.

Lo que necesitas
1 tomate grande
¼ de cebolla roja
½ taza de cilantro
½ lima
sal
salsa picante

1 Pica el tomate, la cebolla y el cilantro.
2 Coloca los vegetales picados en un tazón pequeño.
3 Exprime el jugo de lima en el tazón.
4 Agrega un poco de sal y salsa picante.
5 Mezcla todo con una cuchara.

¡Disfruta de tu salsa con nachos horneados!

Haz conexiones

¿Por qué es importante escoger alimentos saludables? PREGUNTA ESENCIAL

Compara la elección de alimentos de este texto con la de otros que hayas leído. EL TEXTO Y OTROS TEXTOS

(t) Boris Suntsov/Flickr/Getty Images (b) Heather Winters/Photodisc/Getty Images

¿Flor o caracol?

Elena Dreser
Ilustraciones de Viviana Délano

Pregunta esencial

¿Cómo usas tus talentos para ayudar a los demás?

Lee sobre una niña que ayuda a los caracoles para salvar su jardín.

¡Conéctate!

D.R. del texto © Elena Dreser, 2004. D.R. de las ilustraciones © Viviana Délano, 2004. D.R. © Norma Ediciones S.A. de C.V., 2004.

A Jacinta le encanta cuidar de su jardín. Pero un día se da cuenta de que hay algo o alguien que se está comiendo los pétalos de sus hermosas flores. Más tarde descubre que son unos caracoles.¿Tendrá que deshacerse de los caracoles para que su jardín de flores sobreviva? Sigue leyendo para ver cómo soluciona Jacinta este problema.

Cuando comenzó a anochecer, Jacinta salió al jardín con su linterna. Recogía uno por uno los caracoles grandes y medianos. Entraba con ellos a la casa, y los llevaba hasta la maceta del cafeto. Allí los depositaba con mucho cuidado mientras les decía:

—¡Siempre está húmeda esta gran maceta! Y las hojas del cafeto sirven para la siesta.

Pero había un problema: Jacinta no sabía cómo entrar a los caracoles bebés. Corría peligro de lastimarlos si los sujetaba entre los dedos; el caparazón de los caracolitos era muy frágil.

Jacinta necesitaba encontrar la manera adecuada de transportar a los bebés caracoles sin dañarlos.

Lo solucionó mojándose la mano, y arrimándola a cada caracolito. Ella se quedaba quieta, hasta que el bebé caracol se subía a uno de sus dedos. Entonces, Jacinta se dirigía al comedor, apoyaba su mano sobre la tierra de la maceta, y esperaba **pacientemente** hasta que el bebé caracol decidía bajar. Así, uno por uno, fue entrando a todos los caracoles que halló.

Los caracoles grandes escalaron hasta lo más alto del cafeto. Con sus antenas curiosas, observaban el panorama de alrededor. Parecían vigías de algún barco, tratando de orientarse.

Los caracoles medianos solo treparon a las ramas bajas del cafeto. Y los caracoles bebés gatearon por un brote apenas alto como un lápiz.

Jacinta se asustó cuando varios caracoles se colgaron en la punta de las hojas. Creyó que iban a caer de un momento a otro.

Entonces corrió a buscar almohadas y almohadones, y los puso alrededor de la maceta. Después de proteger todo, dijo:

—Si pierden el equilibrio, no azotarán contra el piso.

Los caracoles no le contestaron, y tampoco se cayeron.

Cuando Jacinta se convenció de que no perdían el equilibrio, comenzó a preocuparse por su alimentación. Pensaba que estarían hambrientos, y ella no sabía cómo alimentarlos.

—¿Qué comerán los caracoles, aparte de lindas flores? —se preguntaba Jacinta, y otra vez tuvo que llamar a Tina.

—No sé —dijo la nena—. Pero lo investigaré después de la cena.

Y así fue. Después de la cena, Tina llamó por teléfono:

—En internet figura que a los caracoles les gusta la verdura. También comen pepinos, tomates y hasta cáscaras de fruta.

Jacinta se quedó pensativa, y dijo:

—¡Mh! Conque internet, ¿eh?

Y se dedicó a conseguir alimento para los caracoles. Además, puso una piedra sobre la tierra de la maceta por si necesitaban minerales. También les agregó una tapita azul llena de agua por si querían beber. La maceta lucía graciosa, parecía un jardín con su pequeña piscina. Y muy pronto los caracoles bajaron de las ramas, y fueron a darse un chapuzón antes de la cena.

AHORA COMPRUEBA

Hacer y responder preguntas La internet es una buena manera de encontrar respuestas a tus preguntas. Pero, si no hay internet, ¿cómo encontramos respuestas?

Al principio, los caracoles se comportaban muy bien. Durante el día, dormían escondidos entre las hojas del cafeto. Durante la noche, bajaban a chapotear en su tapa-piscina y descansaban sobre la piedra. Luego comían todo lo que Jacinta les daba, y hasta las verduras que Tina y Nicolás traían de su casa.

Pronto la población de la maceta creció. Y es que por las noches, Jacinta y su linterna buscaban caracoles entre las plantas del jardín. Siempre encontraban alguno. Y Jacinta lo llevaba a vivir al cafeto junto con los otros.

Cuando Jacinta hallaba un caracol bebé, lo entraba con mucho cariño para reunirlo con su mamá. También varios caracolitos nacieron en la maceta. Agustina descubrió que nacían de huevos blancos y casi tan pequeños como granos de azúcar.

Todas las noches, Jacinta se despedía de sus **inquilinos** antes de retirarse a dormir.

—Buenas noches caracoles. Cuiden que no entren ladrones.

A los pocos días de vivir dentro de la casa, los caracoles tomaron confianza. Estaban tan a gusto… ¡que decidieron salir en busca de aventuras!

A medianoche, cuando Jacinta dormía, y la casa estaba oscura y quieta… algunos caracoles **traviesos** tomaron la costumbre de salir a pasear con la luz de la luna que entraba por las ventanas.

Uno trepaba por la escalera, y permanecía por horas en lo más alto del barandal (tal vez para avisar si Jacinta despertaba). Otro se deslizaba hasta una maceta cercana, y ahí se tendía sobre la tierra fresca (tal vez para soñar con un jardín lleno de flores).

Había un glotón al que le gustaba pasearse por los mosaicos de la cocina. Aunque el piso lucía limpio, él siempre encontraba algo para comer. El caracol perezoso lo miraba con envidia, pero no dejaba por nada la comodidad de la mecedora donde descansaba toda la noche sin hacer nada. El caracol con pose de intelectual subía al escritorio. Le encantaba pasearse por el lomo de los libros y por el teclado de la computadora (quizás creía que los conocimientos entraban por el tacto).

Y el caracol **imprudente** rodeaba toda la pecera, y se detenía en el borde, asomándose adentro para hacer enojar al pececito que lo quería tragar de un mordisco.

Varios caracoles recorrían toda la planta baja de la casa, deslizándose sin rumbo. Solo andaban por andar, exploraban por explorar. Algunos se reunían con sus amigos; y otros jugaban a "quién llega más lejos", dejando a su paso una huella plateada en forma de culebra.

Muchos preferían quedarse en la maceta, al fin que también allí abundaba la diversión nocturna. Únicamente los caracoles estaban enterados de cuanto ocurría a medianoche en aquel cafeto y en sus alrededores.

Todos participaban en la gran fiesta nocturna. Hasta los bebés tenían permiso de los caracoles mayores para chapotear un rato en la tapa con agua.

La catástrofe ocurrió a medianoche. Y todo porque Jacinta despertó con sed. Había olvidado llevar agua, así que debía ir a la cocina. Encendió la luz, y al bajar la escalera… ¡pegó un grito!

Allí estaba un perfecto caracol castaño sobre el perfecto barandal amarillo. Jacinta lo llevó a la maceta mientras lo reprendía por haber salido sin permiso.

—¿Pero qué es eso? ¡Caracol travieso!

El caracol se quedó muy callado. Entonces Jacinta vio al segundo caracol, trepando por la pared en dirección a otra maceta. El tercero iba rumbo a la cocina. El cuarto la miró desde la comodidad de su mecedora. El quinto se paseaba tranquilamente sobre el escritorio. El sexto se divertía enfureciendo al pececito. El sep…

¡Había caracoles por toda la casa!

Jacinta se asustó, y dijo:

—¡Ay!, caracoles. ¡Por poquito piso alguno en el medio de la noche!

Jacinta los llevó a todos hasta la maceta, mientras les daba un buen regaño a cada uno. Después regresó a su cama, aunque ya casi no pudo dormir. Necesitaba encontrar otra solución, pero a ella no se le ocurría ninguna.

AHORA COMPRUEBA

Hacer y responder preguntas ¿Por qué Jacinta escoge albergar a los caracoles? ¿Qué hubieras hecho tú?

304

Lo bueno fue que al otro día era domingo; y Jacinta invitó a desayunar a su pequeña vecina. En cuanto llegó, Tina corrió a mirar las hojas del cafeto para ver a los caracoles durmiendo. Después, dijo:

—¡Son demasiados!

—Sí —contestó Jacinta—, están muy amontonados.

Tina atravesó corriendo la cocina para asomarse por la ventana y mirar el patio trasero de la casa. Allí no había jardín, solo unos pocos helechos que se aferraban a la humedad del paredón de piedras.

En aquel rincón, donde casi nunca pegaba el sol, también crecía una higuera que daba muy buenos higos. Era el único árbol en ese recodo del terreno.

Frente al tronco de la higuera, se apoyaba una banca vieja donde Jacinta leía todas las tardes alejada del ruido de la calle. Jacinta sentía que era el lugar más tranquilo del mundo.

En cambio Tina no lo vio como el lugar perfecto para leer, a ella solo se le ocurrió que era el escondrijo perfecto para los caracoles. Pero no dijo lo que pensaba. Únicamente, giró para mirar a Jacinta, a la vez que sonreía. Y Jacinta entendió.

Y cambiaron de **domicilio**. Los caracoles adultos escalaron muy alto por el tronco de la higuera. Los caracoles medianos treparon por las ramas intermedias. Y los caracoles bebés gatearon por el brote de los helechos.

Todos querían saber dónde se encontraban. Jacinta trató de tranquilizarlos. Les explicó que iban a vivir muy cómodos, y les dijo que los quería mucho. Quizás los caracoles entendieron, porque bajaron a darse el primer chapuzón en su nueva piscina. Era un plato rebosante de agua, y no cualquier tapita de frasco.

La higuera era un verdadero árbol, y no un simple arbusto como el cafeto. La tierra disponible era amplia, y no el estrecho círculo de una maceta. Además la pared estaba llena de huecos entre piedra y piedra. Cada caracol disponía de su propio cuarto privado: ¡de lujo! En cuanto descubrieron los hueco-cuartos, comenzaron a probar en cuál cabían mejor y cuál les gustaba más.

—Eso lo pueden decidir al rato —decía Jacinta—. Ahora debemos fijar el trato.

Pero ellos no la escuchaban. Andaban demasiado entusiasmados estrenando piscina y escogiendo cuarto en su nuevo hogar. Y no era para menos, los caracoles estaban convencidos de que se habían mudado a un gran palacio.

Todo parecía perfecto, al menos para los caracoles. En cambio, Jacinta sabía que faltaba algo importante: formalizar el acuerdo. Así que llamó a Tina, y la invitó para actuar como testigo.

Tina aceptó porque alguien debía vigilar la legalidad del procedimiento. También trajo a su hermano Nicolás, porque ella había visto en las películas que los testigos siempre son al menos dos. Cuando todos estuvieron presentes, Jacinta dijo:

—Yo, Jacinta, me **comprometo** a conservar húmedo este rincón, a conseguir pepino y verdura fresca, cáscaras de frutas y hasta pimiento morrón.

Después, pidió a los señores caracoles y a los caracolitos cumplir con su parte del trato.

1. Jacinta surte agua fresca.
   Caracoles no invaden otra tierra.
2. Jacinta alimenta caracoles.
   Caracoles respetan lindas flores.
3. Jacinta cumple el tratado.
   Caracoles se quedan de este lado.

Y Jacinta aclaró:

—Si alguien no está de acuerdo, puede decirlo en este momento. Y quienes están de acuerdo, pueden quedarse en silencio. Parece que los caracoles estuvieron de acuerdo con el trato, porque todos se quedaron en silencio, Entonces, Jacinta se puso de pie y, con gran solemnidad, dijo:

—Yo, Jacinta, declaro que este acuerdo hoy quedó formalizado.

Ahora Jacinta vive muy tranquila. Hay paz entre las flores y los caracoles. Tina y Nicolás son testigos de que el acuerdo ha funcionado bien. Cuando llegan visitas durante el día, Jacinta les presta un sombrero, y las invita a recorrer la senda donde crecen las buenas hortalizas y las preciosas flores. Cuando llegan visitas durante la noche, Jacinta les presta una linterna, y las invita a recorrer el muro de piedras donde viven los amistosos caracoles.

Los caracoles han cumplido el tratado, más o menos, con excepción de alguna que otra travesura en noches de lluvia. Es imposible pedirles que permanezcan en su lugar cuando todo está húmedo. La mayor felicidad para los caracoles es deslizarse por los charcos que deja la lluvia. Los más atrevidos se aventuran a salir de su territorio, recorren gran distancia hasta llegar al jardín de flores y hortalizas. Allí, se conforman con mordisquear unos pocos pétalos y probar unas pocas verduras. Pero luego de pasear, por aquí y por allá, regresan muy obedientes a su rincón de la higuera.

AHORA COMPRUEBA

Visualizar ¿Cómo se siente Jacinta con respecto a los caracoles traviesos?

Durante las mañanas que siguen a las noches de lluvia, Jacinta observa con cuidado su jardín. Descubre que están incompletos los pétalos de algún crisantemo, y también descubre marcas de pequeños mordiscos en alguna hoja de lechuga.

Jacinta no se preocupa por estas travesuras aisladas de los caracoles. Piensa que la naturaleza le ofrece tanto, que ella bien puede regresarle un poco a la naturaleza.

Disfruta el vuelo de las mariposas, y recuerda que los caracoles duermen tranquilos a esa hora de la mañana. También contempla sus bellas flores y sus ricas hortalizas que ella misma cultiva. Entonces, Jacinta se siente dichosa, y da gracias por ser tan afortunada.

Vamos al jardín de Elena y Viviana

Elena Dreser

es una autora argentina que ha recibido muchos premios por sus libros. Todavía recuerda la emoción que sentía de niña cuando leía bajo la sombra de un árbol, boca abajo sobre el pasto, o sobre la cama. Este cuento es resultado de su amor por la jardinería.

Viviana Délano

también le gustan mucho los jardines, los colores de las flores y los animalitos que viven en este pequeño mundo. Podemos imaginarla de noche, linterna en mano, esperando la salida de los pícaros caracoles que ilustran el cuento.

Propósito de la autora

En este cuento la niña descubre un problema que parece tener una solución fácil y rápida. ¿Por qué la autora inventa a una niña que no escoge la solución más fácil?

Respuesta a la lectura

Resumir

El punto de vista es lo que piensa el narrador sobre los sucesos y otros personajes. Para hacer un resumen, busca detalles clave que muestran lo que piensa el narrador y escríbelos en el organizador gráfico.

Detalles

↓

Punto de vista

Evidencia en el texto

1. ¿Cómo sabes que el cuento *¿Flor o caracol?* es una ficción realista? **GÉNERO**

2. ¿Qué quiere decir el narrador con "la naturaleza le ofrece tanto, que ella bien puede regresarle un poco a la naturaleza"? **PUNTO DE VISTA**

3. Usa el prefijo *in-* y la raíz *complet-* para descubrir el significado de la palabra *incompleto*. **PREFIJOS**

4. Los caracoles están de acuerdo con los arreglos que hace Jacinta. Explica cómo lo sabes.
ESCRIBIR SOBRE LA LECTURA

 Haz conexiones

¿Qué talento tiene Jacinta? **PREGUNTA ESENCIAL**

¿Conoces otro ejemplo en el que alguien respeta las diferencias y necesidades de cada persona? **EL TEXTO Y EL MUNDO**

Compara los textos

Lee sobre el talento que descubre una niña al ponerse anteojos.

Una niña muy especial

Manuela era una niña de ocho años a quien le gustaba mucho imaginar historias. Pero veía muy mal, tanto, que un día sus padres la llevaron al oculista. El doctor le revisó la vista y le mandó ponerse unos anteojos de vidrios gruesos.

Al principio no quiso salir a jugar durante un tiempo por temor a que los niños se burlaran de ella. Se quedaba en casa y pasaba mucho tiempo en el jardín. Fue ahí donde descubrió lo que ahora podían ver sus ojos.

Con los anteojos nuevos, Manuela podía ver hasta los bichitos más diminutos. Veía sus caras, sus gestos, sus manitos, sus pies y sus antenas. Estaba fascinada.

Lo que no esperaba era poder oír lo que los insectos decían. Los bichitos de su jardín le contaban lo que sucedía en su pequeño mundo. Entonces Manuela pasaba mucho tiempo en su jardín escuchando a sus nuevos amigos.

Su madre estaba preocupada. Manuela tenía mucha imaginación, era inteligente y buena, pero siempre estaba solita, imaginando historias.

—¡Siempre imaginando cuentos! Vamos al parque a jugar con los niños —decía su madre.

—Estos anteojos me ponen fea. Prefiero quedarme con mis amigos los insectos —respondía la niña.

—Los niños te aman —decía la madre—. Si ellos supieran las bellas historias que imaginas… Hija, ¡cuando seas mayor serás escritora!

Victoria Assanelli

Llevaba varios días sin querer salir. Pero en su jardín, los insectos le tenían **confianza**. Las hormigas le habían mostrado sus caminitos, sus casitas y su despensa. Las mariposas le habían contado los sabores secretos que tienen las flores y lo lindo que es volar de un jardín a otro.

Un día, sin embargo, accedió a salir al parque por primera vez con sus anteojos nuevos.

Manuela se acercó a las flores, olió el perfume, imaginó colores y comenzó a crear una historia nueva.

Los niños que estaban jugando la vieron y se sorprendieron. ¿Con quién hablaba Manuela?

—¡Yo creo que tiene un amigo invisible! —dijo Andrés.

—¿No será que halló un reino de hadas dentro de las flores? —dijo Rosa.

Y allá corrieron todos para averiguar el misterio.

—Manuela, ¿con quién estás hablando? —preguntó Lisandro.

—¡Comparte con nosotros a tu amigo invisible! —pidió Rosa.

La pequeña se sonrojó.

—Yo invento historias. Si quieren, les cuento una —dijo Manuela.

La niña les contó una hermosa historia, que sucedía en el invisible mundo de los insectos. Los niños escuchaban en silencio, encantados.

¡Manuela había superado su timidez! ¡Era un **logro**!

Desde esa tarde, los niños buscan a la pequeña de anteojos, en el patio de la escuela, en el parque, y le piden que les cuente las maravillosas historias que solo ella puede imaginar. Además, la invitan a jugar con ellos. Lo que ellos no saben, es que Manuela se comunica con los insectos. Pero ella no lo cuenta, porque no quiere asustarlos.

¿? Haz conexiones

¿Cómo la ayudaron los anteojos de Manuela a superar su timidez y a mostrar su talento a los demás? **PREGUNTA ESENCIAL**

Compara a Manuela con la niña de *¿Flor o caracol?*. ¿En qué se parecen? **EL TEXTO Y OTROS TEXTOS**

La impresionante naturaleza del

Mojave

Laurence Pringle

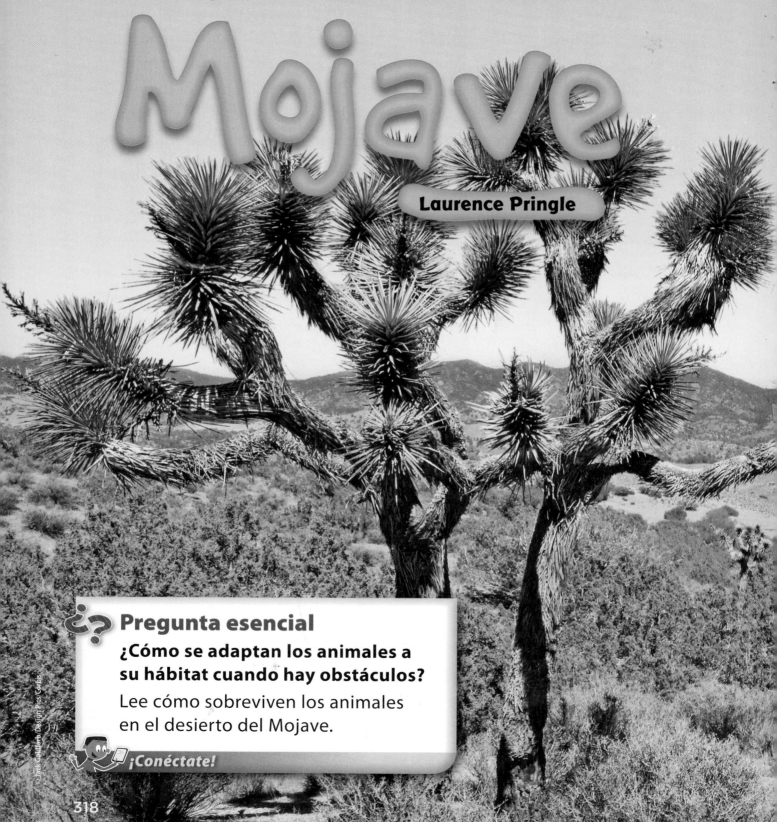

©Jack Goldfarb/Design Pics/Corbis

¿? Pregunta esencial

¿Cómo se adaptan los animales a su hábitat cuando hay obstáculos?

Lee cómo sobreviven los animales en el desierto del Mojave.

¡Conéctate!

Los desiertos son lugares difíciles porque presentan muchos obstáculos para la vida. Son secos y muy calurosos. En el Mojave, el desierto más pequeño de América del Norte, las lluvias son muy escasas. Está en el sur de California y en el sur de Nevada. Tiene montañas y valles, como el Valle de la Muerte, que es el lugar más bajo y caluroso en América del Norte.

Si viajas en automóvil por el desierto del Mojave, pasarás por muchas millas de tierra árida y polvorienta y **arbustos** dispersos. Sin embargo, si das un paseo caminando por la mañana, se observa que un desierto es un lugar lleno de vida. Las aves cantan. Los lagartos persiguen insectos. Las liebres y los correcaminos corren entre los arbustos y los cactos.

Un lugar vivo

Aunque es muy seco, el Mojave es un ambiente que ofrece mucha vida para muchos animales y plantas fascinantes. Con el tiempo se han adaptado, por eso viven muy bien en un ambiente seco y caluroso. Lo logran de diferentes maneras. En el Mojave se pueden ver distintas especies de lagartos. Todos están **relacionados**. Todos los lagartos son reptiles y tienen la piel escamosa. Sin embargo, son diferentes en muchos aspectos. Por ejemplo, el lagarto espinoso del desierto mide solo algunas pulgadas de largo. Se alimenta principalmente de insectos.

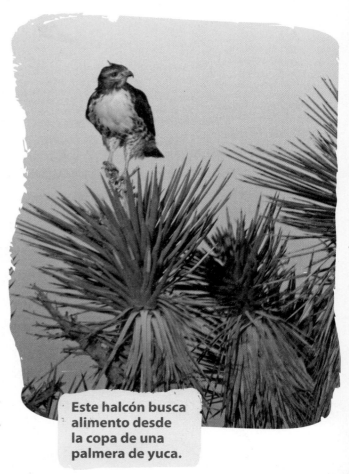

Este halcón busca alimento desde la copa de una palmera de yuca.

Mojave significa "al lado del agua". Viene de la tribu mojave, compuesta por indígenas americanos que vivieron a orillas del río Colorado. El río fluye a través de este desierto.

Desierto del Mojave

REFERENCIAS
- Parque o reserva nacional
- Agua
- Desierto

NEVADA

UTAH

CALIFORNIA

Desierto del Mojave

Parque Nacional del Valle de la Muerte

Reserva Nacional del Mojave

Río Colorado

OCÉANO PACÍFICO

Parque Nacional de Árboles de Josué

ARIZONA

(t) © Jack Goldfarb/Design Pics/Corbis (b) Illustration: Mapping Specialists, Ltd.

El chacahuala es muy diferente. Puede crecer hasta casi tres pies de largo. Este lagarto grande come hojas, flores y frutas de plantas. También tiene una manera especial de protegerse. Si un chacahuala siente peligro, rápidamente se esconde en una grieta entre las rocas. Luego, traga aire para que su cuerpo se vuelva más gordo. Se queda atorado allí para que los depredadores no puedan sacarlo.

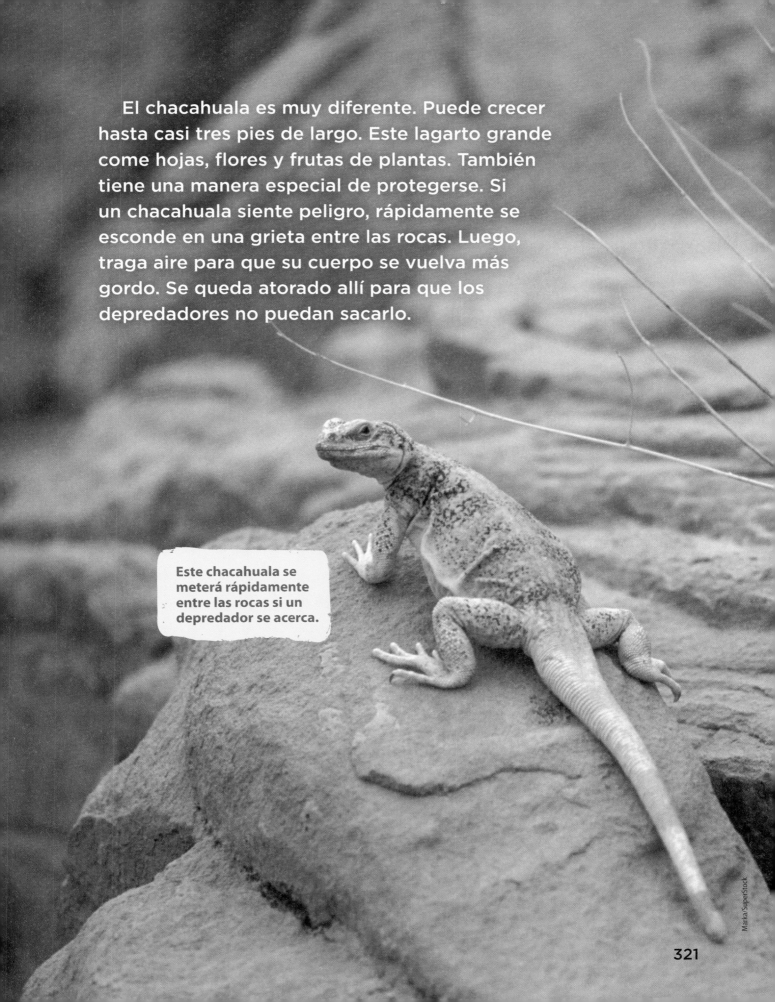

Este chacahuala se meterá rápidamente entre las rocas si un depredador se acerca.

Marka/SuperStock

Cómo obtener agua en el desierto

En el Mojave los animales obtienen agua de distintas maneras. Los coyotes, los linces rojos y otros mamíferos grandes viajan distancias largas para beber agua. Algunas aves, también. Las lagartijas, las serpientes y los ratones no pueden viajar tan lejos. Tal vez **prefieran** beber de un arroyo o un charco, pero son placeres poco comunes en el desierto. Beben agua del rocío que se forma en la noche sobre plantas o piedras. Su principal fuente de agua está en sus alimentos. Las flores, semillas y hojas de las plantas tienen agua. La mitad del cuerpo de los insectos, escorpiones y otros animales está compuesta de agua. Algunos animales del desierto obtienen toda el agua que necesitan, o la mayor parte, simplemente comiendo.

AHORA COMPRUEBA

Volver a leer ¿Cuáles son algunas de las maneras en que los animales del Mojave obtienen agua? Vuelve a leer para encontrar la respuesta.

Los coyotes como este viajan distancias largas para buscar agua.

georgesanket.com/Alamy

El pelo de color claro ayuda a esta rata del desierto a esconderse de los depredadores.

Los colores claros ayudan

Las personas que viven o visitan el desierto usan ropa de colores claros. Los colores oscuros captan, o absorben, la energía del sol, mientras que los colores claros la reflejan rechazando el calor. Los animales del desierto, al ser de colores claros, también la evitan.

El color claro ayuda a los animales de otra manera. En el Mojave, en general, la tierra es de color canela, gris y marrón claro. Es difícil ver a los ratones, insectos y lagartos de color pálido contra este fondo. Eso los ayuda a **protegerse** de los depredadores que intentan atraparlos y comérselos.

No todos los animales del desierto son de color claro. En algunas partes del Mojave, los ratones y los lagartos son mucho más oscuros. Son diferentes porque viven entre rocas y tierras negras o marrón oscuro. En esos lugares, los colores más oscuros los ayudan a ocultarse y a sobrevivir.

Robert Shantz/Alamy

Escapar del calor

Los animales del desierto se parecen en algo: evitan el calor del mediodía, aunque de manera diferente. La mayoría descansa durante el momento más caluroso del día. Están activos en momentos más frescos, como la mañana, la tarde o la noche.

Los escorpiones se esconden en lugares con sombra. Si deben salir de día, pueden erguirse sobre sus patas. Así el escorpión evita que su cuerpo toque la superficie caliente. Una serpiente, por supuesto, no puede hacer lo mismo porque no tiene patas. En los días calurosos, algunas serpientes y lagartos trepan a los arbustos. Allí el aire es más fresco que en la superficie de la tierra caliente.

AHORA COMPRUEBA

Volver a leer ¿Cómo evitan el calor los escorpiones? Vuelve a leer para encontrar la respuesta.

Un escorpión usa las patas para levantar el cuerpo del suelo caliente.

Berquist, Paul & Joyce/Animals Animals/Earth Scenes

Las orejas largas de esta liebre la ayudan a mantenerse fresca.

La mayoría de los animales del desierto también escapan del calor refugiándose debajo de arbustos, rocas y otros lugares con sombra. Las liebres de cola negra se echan a la sombra. Pierden calor corporal al jadear o respirar deprisa. También despiden calor desde muchos vasos sanguíneos pequeños que tienen en sus grandes orejas.

Stan Osolinski/Oxford Scientific/Getty Images

Estar bajo tierra es fresco y seguro

Muchos animales del desierto buscan la frescura en madrigueras subterráneas. ¡La temperatura de la tierra por la tarde puede llegar a los 140 °F! A uno o dos pies bajo tierra, la temperatura puede llegar a los 85 °F. Las madrigueras protegen a los animales del calor y del frío. Las noches en el desierto del Mojave son frescas y, a veces, hasta nieva en invierno.

Las tortugas del desierto pasan parte de su vida en madrigueras que cavan ellas mismas. Salen en la primavera para comer hojas, flores y frutas. Como sus madrigueras son grandes y miden varios pies de largo, hay espacio para otros animales. La madriguera de una tortuga es **excelente** para que ratas canguro, conejos, serpientes, lagartos y búhos se escondan y descansen. Algunos animales se juntan con las tortugas. Otros, usan madrigueras abandonadas.

Estos polluelos de búho construyen un hogar confortable en esta madriguera abandonada.

© Jonathan Blair/Corbis

© Wayne Lynch/All Canada Photos/Corbis

El caparazón duro de las tortugas del desierto las protege de los depredadores.

Hay animales que usan sus escondites con otro fin. Por la tarde, los escorpiones esperan su alimento en su refugio: un lagarto, un escarabajo u otro escorpión. Al moverse, los animales producen vibraciones en el suelo que los escorpiones pueden sentir. Las vibraciones los **alertan** cuando un animal está cerca. Algunos sienten las vibraciones hasta de los insectos voladores. ¡Se estiran y agarran las palomillas que vuelan bajo!

La piel de esta iguana del desierto se pone pálida por la tarde para mantenerse fresca.

El calor de la mañana

Los animales del desierto tienen muchas maneras de evitar el recalentamiento. Pero a veces necesitan calentarse porque en la noche, el aire del desierto es frío. Al amanecer, los lagartos y las serpientes buscan lugares soleados. Voltean el cuerpo hacia el sol para aumentar su temperatura corporal.

Las iguanas del desierto tienen una capacidad impresionante para calentarse y enfriarse. Ellas cambian de color. Por la mañana, su piel oscura les ayuda a absorber el calor del sol. Por la tarde, cuando el día se vuelve caluroso, la piel de las iguanas se torna blanca para reflejar el sol. Más tarde, a medida que el aire se vuelve más fresco, su piel se oscurece de nuevo.

La piel de la iguana del desierto se pone oscura para calentarse por la mañana.

AHORA COMPRUEBA

Volver a leer ¿Por qué las iguanas cambian de color? Vuelve a leer para responder.

(t) B Christopher/Alamy (b) All Canada Photos/Alamy

Al igual que las iguanas, las aves necesitan calentarse luego de una noche fría. Los correcaminos se ponen de espaldas al sol y levantan las plumas de su cuerpo. Su piel es negra y absorbe la energía del sol. Después de calentarse, **compiten** por encontrar alimento. Corren para cazar lagartos y serpientes pequeñas.

Este correcaminos se enfría a la sombra de un árbol.

Los correcaminos viven muy bien en el desierto. Al igual que otros animales del Mojave, se han adaptado para vivir en un **ambiente** seco y caluroso. Los escorpiones, las liebres, las chacahualas y las tortugas también se han adaptado. Todos ellos hacen que el Mojave sea un lugar fascinante y lleno de vida.

Luego de calentarse, este correcaminos está listo para correr deprisa y atrapar a su presa.

(t)Ron Niebrugge/Alamy (b)Danita Delimont/Gallo Images/Getty Images

Conozcamos al autor

De joven, a **Laurence Pringle** le encantaba explorar la naturaleza: recorría el bosque, chapoteaba en charcos y arroyos y pescaba en el mar. Su otra pasión era la lectura, por eso, escribir sobre la naturaleza tiene mucho sentido. Sus otros libros incluyen *Snakes! Strange and Wonderful, Come to the Ocean's Edge* y *A Dragon in the Sky: The Story of a Green Darner Dragonfly.* Cuando no escribe, Laurence disfruta de las caminatas y la pesca.

Propósito del autor
¿Por qué el autor dice que los animales del Mojave son "impresionantes"?

(bkgd) Jack Goldfarb/Design Pics/Corbis (inset) Susan Klein

Respuesta a la lectura

Resumir

¿Cómo se han adaptado los distintos animales del desierto del Mojave a los obstáculos de su hábitat? Escribe la información en tu diagrama de Venn para resumir.

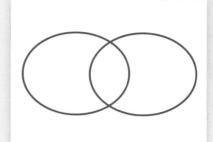

Evidencia en el texto

1. Comenta cómo sabes que *La impresionante naturaleza del Mojave* es un texto expositivo. Identifica las características del texto. **GÉNERO**

2. ¿En qué se parecen los escorpiones y las liebres de cola negra? ¿En qué se diferencian? **COMPARAR Y CONTRASTAR**

3. Busca la palabra *ambiente* en la página 329. ¿Qué claves en la oración te ayudan a descubrir el significado de esta palabra? **CLAVES EN UNA ORACIÓN**

4. Escribe por qué el autor incluyó información sobre las iguanas del desierto y los correcaminos. Explica qué rasgo comparten estos animales. **ESCRIBIR SOBRE LA LECTURA**

¿? Haz conexiones

Describe cómo uno de los animales de la selección se ha adaptado a su ambiente. **PREGUNTA ESENCIAL**

¿Cómo se adaptan los animales de las ciudades a su hábitat? **EL TEXTO Y EL MUNDO**

Christiane Beauregard

Compara los textos

Entérate cómo se adaptó a la vida en la ciudad el Pollito a medias.

El pollito a medias

Había una vez en México un pollito raro que rompió el cascarón. Tenía solo un ojo, un ala y una pata. Lo llamaron Pollito a medias. Aprendió rápidamente a brincar en una pata. Andaba más deprisa que la mayoría de los pollos que caminaban en dos patas. Era un pollito curioso y aventurero que pronto se cansó de su **ambiente** en el corral. Un día decidió ir brincando hasta la ciudad de México para conocer al alcalde.

En el camino, brincó al lado de un arroyo que estaba bloqueado por algas.

—¿Podrías quitar estas algas para que mi agua pueda correr libremente? —gorjeó el arroyo.

Pollito a medias lo ayudó. Luego siguió brincando y comenzó a llover. Un fueguito al lado del camino crujió:

—¡Por favor, protégeme de esta lluvia o me apagaré!

Pollito a medias estiró el ala para proteger al fuego hasta que la lluvia paró.

Más adelante, Pollito a medias se encontró con un viento que estaba enredado en un **arbusto** espinoso.

—Por favor, desenrédame —suspiró el viento.

Pollito a medias lo desenredó. Luego siguió brincando hasta la ciudad de México.

Pollito a medias no conoció al alcalde. Pero sí conoció a su cocinera, que lo atrapó, lo hundió en una olla llena de agua y encendió el fuego. Pero el fuego y el agua recordaron la amabilidad de Pollito a medias. El fuego se negó a quemar y el agua se negó a hervir. Entonces llegó el viento agradecido, recogió a Pollito a medias y lo llevó a la cima de la torre más alta de la Ciudad de México para que estuviera sano y salvo.

Pollito a medias se convirtió en una veleta. Su cuerpo plano indicaba a los que estaban abajo en qué dirección soplaba el viento. Y así Pollito a medias aprendió una lección: siempre hay que ayudar a quien lo necesite porque uno no sabe cuándo podría necesitar ayuda.

Haz conexiones

Explica cómo Pollito a medias se adaptó al nuevo hábitat. **PREGUNTA ESENCIAL**

Compara a Pollito a medias con otro animal. **EL TEXTO Y OTROS TEXTOS**

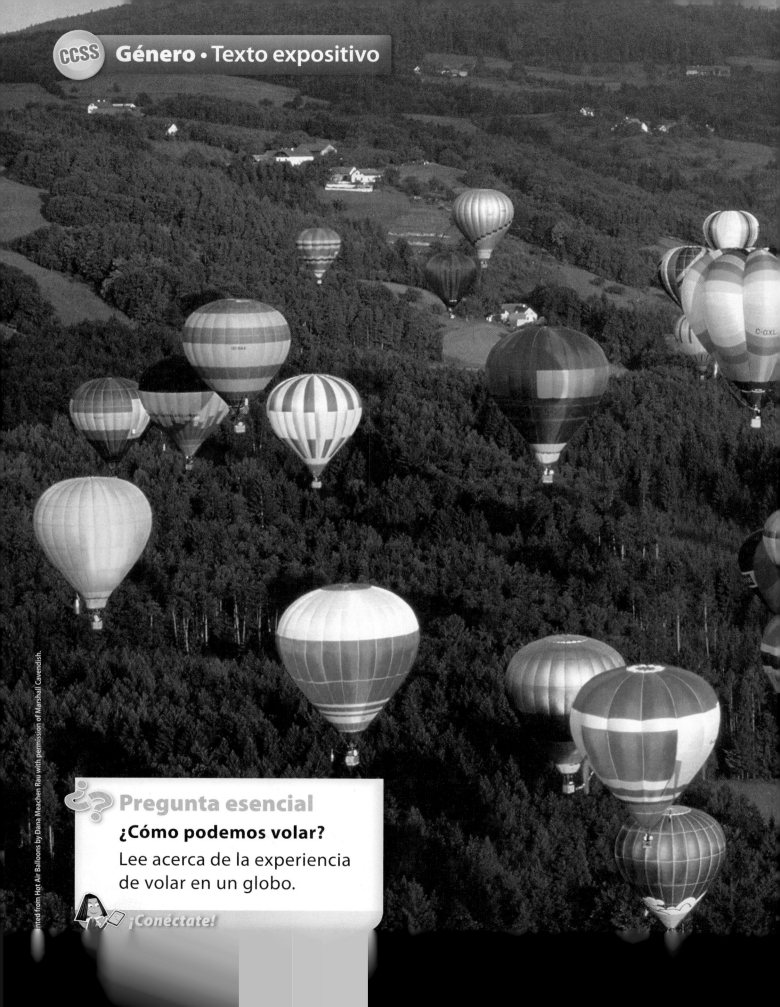

Printed from Hot Air Balloons by Dana Meachen Rau with permission of Marshall Cavendish.

Pregunta esencial

¿Cómo podemos volar?

Lee acerca de la experiencia de volar en un globo.

¡Conéctate!

Globos

Dana Meachen Rau

© Karlheinz Oster/Corbis

Listo para despegar

Es temprano. Un grupo de personas descarga una enorme bolsa de colores en un campo abierto. Encienden un poderoso ventilador en la abertura de la bolsa, que empieza a crecer. ¡Es un globo! Pero no es como los globos que conocemos. ¡Es más alto que dieciséis hombres juntos!

De pronto, se oye un estruendo y entra fuego en el globo, que comienza a levantarse. Algunas personas trepan a la canasta y otras la sostienen. Luego el globo despega y lleva a los **pasajeros** hacia el cielo. Flotan más alto que las casas y los árboles, y llegan hasta donde vuelan los pájaros.

¿Te imaginas cómo sería flotar tan alto? Los carros se verían como puntitos pequeños, y llegarías a ver lo que hay a muchas millas de distancia. El viento sería tu guía. ¿Te imaginas cómo te sentirías dejándote llevar por el viento?

El aire caliente es más liviano que el aire frío. Un quemador calienta el aire dentro del globo para que despegue.

La tela del globo se infla lentamente hasta que está llena de aire.

(l) © Daniel Karmann/Corbis (r) © Carl & Ann Purcell/Corbis

Los pasajeros del globo disfrutan de una vista aérea.

© Martin Harvey/Corbis

Jean-Pierre Blanchard cruzó el Canal de la Mancha en globo, desde Inglaterra hasta Francia.

Time & Life Pictures/Getty Images

Historia de los paseos en globo

A lo largo de la historia, las personas se han preguntado si lograrían volar. Los chinos observaban el movimiento de las cometas con el viento. Los griegos contaban historias de hombres que habían construido alas para volar. Algunas personas dibujaban máquinas voladoras pero volar parecía poco **probable**.

A fines del siglo XVIII, en Francia, los hermanos Montgolfier descubrieron que si el papel se acercaba demasiado a las llamas, se quemaba. Pero si el papel estaba sobre el fuego, el humo caliente lo hacía flotar. En 1783, hicieron, usando su **ingenio**, un globo de papel y seda y prendieron fuego debajo. Las personas que estaban presentes se llenaron de asombro al ver que los hermanos subían una oveja, un pato y un gallo como pasajeros de este primer globo aerostático. Los animales tuvieron un vuelo exitoso. Poco tiempo después, dos hombres viajaron más de 5 millas durante 25 minutos en un globo Montgolfier.

Los primeros inventores dibujaron máquinas voladoras increíbles.

Uno de los mitos griegos cuenta la historia de Dédalo y su hijo Ícaro, quienes hicieron sus propias alas para volar.

(t) Mary Evans Picture Library/The Image Works (b) © Blue Lantern Studio/Corbis

Otros franceses hicieron globos y los llenaron de un gas llamado hidrógeno. El hidrógeno se eleva, igual que el aire caliente. En 1785, Jean-Pierre Blanchard cruzó el Canal de la Mancha en un globo de gas. También fue el primero en volar un globo en Estados Unidos. George Washington estuvo presente en el **despegue** de su globo en 1793, que salió de Pennsylvania rumbo a Nueva Jersey.

Los paseos en globo se hicieron muy **populares**. Los pilotos intentaban volar cada vez más alto y más lejos. Los globos también fueron útiles durante la guerra. Con ellos se podía enviar mensajes y espiar desde el cielo.

Los soldados usaban los globos para explorar el campo de batalla.

La estructura rígida de un dirigible servía para mantener su forma.

(t) © Corbis (b) The Print Collector/HIP/The Image Works

El primer avión de los hermanos Wright fue otra opción para viajar por aire.

A comienzos del siglo XX, los dirigibles ya cruzaban el cielo. Estaban formados por un globo de gas y una estructura con forma de salchicha. La canasta era cerrada y muy larga. También tenían un motor y propulsores. Los pilotos los movían en cualquier dirección. Algunos se usaban en la guerra, otros para viajar, y las barquillas parecían hoteles de lujo.

También a principios del siglo XX, los hermanos Wright volaron el primer avión. A partir de ese momento, los pasajeros prefirieron este medio para viajar.

Sin embargo, los globos no quedaron en el olvido. Servían para estudiar el estado del tiempo y hasta para dar la vuelta al mundo. En 1960, Ed Yost creó los globos aerostáticos modernos que luego se usaron para recreación. En la actualidad, existen clubes de globos aerostáticos y se arman equipos que compiten en carreras de globos. También hay pasajeros que pasean por el aire y disfrutan de la hermosa vista que dejan a sus pies.

AHORA COMPRUEBA

Volver a leer
¿Por qué eran mejores los dirigibles que los globos aerostáticos? Vuelve a leer para hallar la respuesta.

(t) Popperfoto/Getty Images (b) © Kelly Harriger/Corbis

El quemador calienta el aire dentro de la envoltura para inflar el globo.

M. Greenlar/The Image Works

En los festivales, muchos globos despegan al mismo tiempo y llenan el cielo de colores.

La válvula paracaídas de la parte superior del globo deja salir aire caliente.

Cómo funcionan los globos aerostáticos

La parte de la ciencia llamada física es la que nos permite entender por qué los globos aerostáticos se elevan en el aire. La física es la ciencia que explica el movimiento.

El aire que nos rodea no se puede ver pero lo sentimos cuando sopla el viento. El aire tiene peso: el aire caliente es más liviano que el aire frío. Eso significa que el aire caliente se eleva y el frío se queda más cerca del suelo.

Un globo aerostático funciona porque el aire caliente que hay en su interior es más liviano que el aire frío que está afuera. ¡Y por eso el globo puede despegar del suelo!

AHORA COMPRUEBA

Volver a leer ¿Por qué se eleva el globo? Vuelve a leer para hallar la respuesta.

(t) © Kevin Fleming/Corbis (b) Jason Todd/Photonica/Getty Images

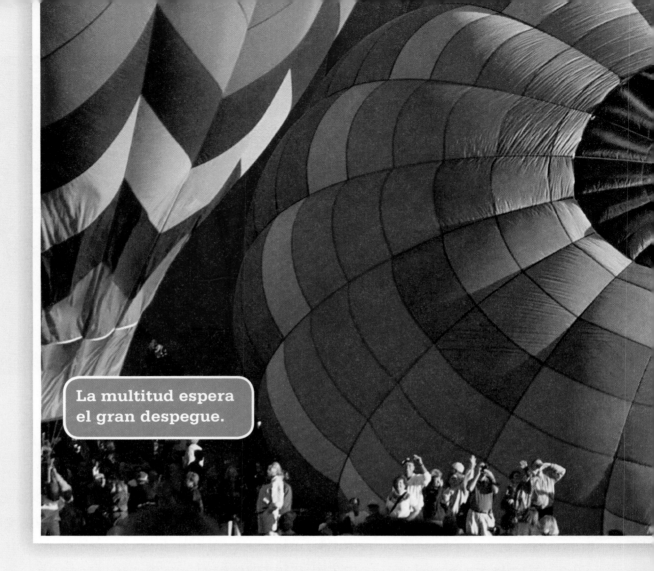

La multitud espera el gran despegue.

El globo se llama envoltura. La mayoría de las envolturas son más anchas arriba que hacia abajo. Pueden ser de cualquier color y están hechas de una tela fuerte y liviana llamada nailon.

La envoltura del globo se llama así porque es la parte que "envuelve" el aire caliente. Los pilotos calientan el aire del globo con un quemador. Este quemador lanza una llama enorme hacia el interior de la envoltura. Cuando se llena de aire caliente, el globo comienza a despegar del suelo.

Una canasta cuelga de la parte inferior del quemador. Allí van el piloto y los pasajeros. La canasta es liviana, pero muy fuerte, y puede llevar hasta veinte personas a la vez si el globo tiene el tamaño necesario para levantarlas.

Sean Cayton/The Image Works

Cuando el piloto quiere que el globo suba, enciende el quemador, que hace mucho ruido. La llama crece y calienta el aire que está dentro de la envoltura para que el globo se eleve.

Cuando el piloto quiere que el globo baje, tira de una cuerda que deja salir una parte del aire caliente. Esa cuerda abre la válvula paracaídas, que es un círculo recortado en el nailon de la parte superior del globo. El globo ya no se eleva, sino que baja hacia el suelo a medida que el aire caliente sale.

Del globo cuelga una canasta que lleva a los pasajeros.

Laurence Monneret/Photographer's Choice/Getty Images

Llevados por el viento

Cuando vas en bicicleta, usas el manillar para dirigirla. Pero el piloto no puede dirigir el globo. Puede hacerlo subir o bajar, pero no puede hacer que se mueva hacia los lados. Necesita la ayuda del viento.

El viento se mueve en distintas direcciones. Puede moverse hacia un lado en lo alto del cielo o hacia otro lado en un lugar más bajo. Estos recorridos del viento se llaman corrientes. El piloto usa las corrientes de aire para mover el globo de un lado a otro. Mueve el globo hacia arriba o hacia abajo con el quemador y la válvula paracaídas. Cuando encuentra una corriente que se mueve en la dirección que quiere tomar, deja que el viento lleve el globo hacia la derecha o hacia la izquierda.

Los pilotos de globos usan las corrientes del viento para llevar el globo en la dirección que quieren tomar.

Los pilotos no pueden hacer que el globo vaya más rápido o más despacio. Eso lo **controla** el viento. Si hay demasiado viento, puede resultar peligroso. El viento puede dañar el globo o llevarlo en la dirección equivocada.

Por eso, los pilotos siempre se fijan en el estado del tiempo. Si el día está despejado y con poco viento, es ideal para pasear en globo. Los globos suelen despegar justo después de que sale el sol, cuando el viento está calmo y el aire está fresco. También pueden despegar por la tarde, pero deben aterrizar antes de que se ponga el sol.

En general, los globos no aterrizan en el mismo lugar de donde despegaron. El piloto se comunica por radio con el equipo que está en tierra. Ellos buscan un lugar seguro para el aterrizaje y allí lo esperan. Finalmente, liberan todo el aire y empacan el globo.

Pasear en un globo aerostático es toda una aventura. ¿Hacia dónde te llevará el viento?

AHORA COMPRUEBA

Resumir ¿Cómo hace volar el viento un globo aerostático? Cuenta con tus propias palabras lo que aprendiste.

Conozcamos a la autora

Cuando **Dana Meachen Rau** era niña dibujaba en todas partes. Ilustraba el buzón de su casa y las paredes del garaje. Entonces, su padre le compró montones de papeles para escribir y dibujar. Ese fue el comienzo de su amor por la escritura. Dana ha escrito más de 200 libros para niños y jóvenes. Además de historias de ficción, ha escrito libros de no ficción sobre muchos temas, como la naturaleza, la cocina y la ciencia. Dana sigue escribiendo todos los días.

Propósito de la autora

La autora usa muchas fotografías y leyendas en *Globos*.
¿De qué manera estas características del texto te permiten entender mejor lo que lees?

(t) Tania McNaboe (b) ©Sean Cayton/The Image Works

Respuesta a la lectura

Resumir

Resume las ideas y los detalles importantes que aprendiste acerca de los globos aerostáticos. Escríbelos en la tabla de causa y efecto.

Causa	→	Efecto
Primeró	→	
Después	→	
Luego	→	
Al final	→	

Evidencia en el texto

1. ¿Cómo sabes que *Globos* es un texto expositivo de no ficción? ¿Qué características encuentras en el texto? **GÉNERO**

2. ¿Qué ocurre cuando un piloto calienta con un quemador el aire que hay dentro de un globo? **CAUSA Y EFECTO**

3. La palabra *corriente* puede significar "común". También puede significar "recorrido del viento". Busca la palabra *corrientes* en la página 346. ¿Qué claves en la oración te permiten deducir el significado que tiene allí? **PALABRAS DE SIGNIFICADOS MÚLTIPLES**

4. ¿Cómo organiza el texto la autora en las dos primeras páginas? **ESCRIBIR SOBRE LA LECTURA**

Haz conexiones

¿Cómo vuelan los globos aerostáticos? **PREGUNTA ESENCIAL**

¿Cuál es el beneficio de volar en globo? ¿Cuál es el problema? **EL TEXTO Y EL MUNDO**

©Kelly Harriger/Corbis

Compara los textos
Lee sobre cómo un héroe
puede volar.

Belerofonte y Pegaso

Un mito griego

Hace mucho tiempo, Belerofonte
vivía en Grecia. Quería casarse con la
hija del rey Yóbates. Pero el Rey primero
quiso ponerlo a prueba. Le ordenó que
venciera a la Quimera, un monstruo
terrible. Tenía una cabeza de león, una
cabeza de cabra y una serpiente gigante
como cola. Atacaba a las personas
indefensas de todo el reino.

Belerofonte quedó preocupado por
su tarea. ¿Cómo podría un hombre
detener a la Quimera? Pidió ayuda a
la diosa Atenea. En un sueño, ella le
mostró dónde encontrar el caballo
volador Pegaso.

Anna Vojtech

350

Belerofonte se despertó del sueño sosteniendo una brida dorada. ¡Brillaba tanto como el sol!

Belerofonte atrapó a Pegaso con la brida dorada y saltó al lomo de la criatura. Pegaso resopló y agitó las pezuñas. Desplegó sus enormes alas con un **movimiento** fuerte. Luego llevó a su nuevo amo alto, alto, alto hacia el cielo. ¡Estaban volando!

Belerofonte y Pegaso volaron en círculos sobre el campo mientras buscaban a la Quimera. Al final del **vuelo** encontraron a la horrible bestia.

Las cabezas del monstruo gruñeron y bufaron con tanta fuerza que la tierra tembló. Salía fuego de las bocas del monstruo. Pegaso voló a toda velocidad alrededor de la Quimera, se abalanzó sobre ella y se alejó. Una y otra vez, el monstruo se lanzó sobre el caballo volador y su jinete. Nunca los pudo atrapar. Belerofonte blandió la espada con todas sus fuerzas, tres veces. El monstruo cayó.

Belerofonte y Pegaso volaron de regreso hacia el rey Yóbates. Para probar su victoria, Belerofonte llevó al Rey un pelo de la melena del león, una escama de la serpiente y un cuerno de la cabra de la Quimera.

Finalmente, el rey Yóbates permitió que Belerofonte se casara con su hija. Invitaron a todas las personas del reino al banquete de boda y obsequiaron a Pegaso una vasija de oro llena de la mejor avena de la Tierra.

Haz conexiones

¿Por qué Belerofonte podía volar?
PREGUNTA ESENCIAL

Compara el modo de volar en este mito con otros cuentos. **EL TEXTO Y OTROS TEXTOS**

Gato
embotado y enamorado

El gato con botas
perdió su sombrero,
ya no tiene espada
ni blanco pañuelo.

El gato con botas
está enamorado
de una gata blanca
que vio en el tejado.

No encuentra **reposo**
ni caza ratones,
descuidó su aspecto
y sus pantalones.

Anda por el monte
triste y compungido
pregunta a las flores
¿seré el elegido?

Pregunta esencial

¿Qué nos inspira?

Lee estos poemas y descubre cómo
nos inspiran algunas personas y
algunas cosas en el mundo.

¡Conéctate!

Texto © 1993 Silvia Dioverti. Ilustraciones © 1993 Idana Rodríguez.

Como no ha comido
hace varios días
parece de un gato
su radiografía.

Por fin decidido
va en busca del rey
para que los case
siguiendo la ley.

Y dice el monarca
que es justo y **sencillo**
¿Dónde está la gata,
en dónde el anillo?

Allí en el tejado
la he visto, señor,
mas no sé su nombre,
solo su color.

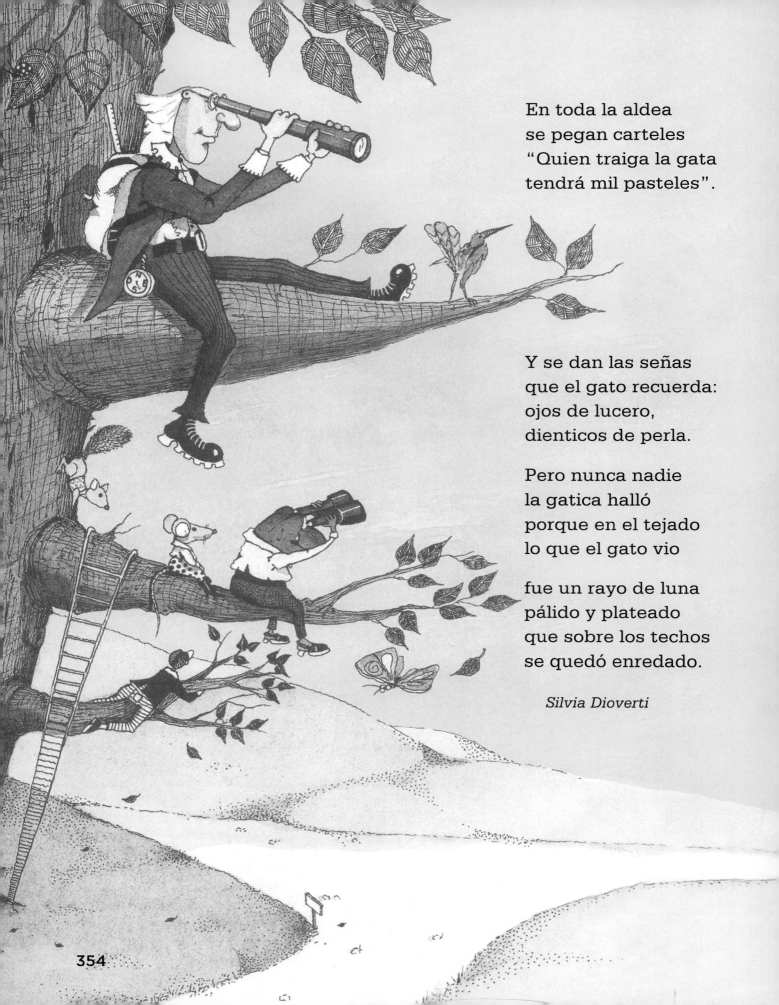

En toda la aldea
se pegan carteles
"Quien traiga la gata
tendrá mil pasteles".

Y se dan las señas
que el gato recuerda:
ojos de lucero,
dienticos de perla.

Pero nunca nadie
la gatica halló
porque en el tejado
lo que el gato vio

fue un rayo de luna
pálido y plateado
que sobre los techos
se quedó enredado.

Silvia Dioverti

Respuesta a la lectura

Resumir

Fíjate en los detalles y en las palabras que usó la poeta al escribir *Gato embotado y enamorado*. Haz un resumen del poema usando el organizador gráfico para ordenar tus ideas.

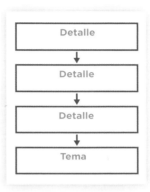

Evidencia en el texto

1. ¿Cómo sabes que el poema *Gato embotado y enamorado* es un poema narrativo con rima? **GÉNERO**

2. ¿Qué palabras riman en la cuarta estrofa? **ELEMENTOS LITERARIOS**

3. ¿Por qué compara la poeta el aspecto del gato con una radiografía? **LENGUAJE FIGURADO**

4. Vuelve a leer el poema. ¿Qué detalles usa la poeta para describir a la gata del tejado? **ESCRIBIR SOBRE LA LECTURA**

Haz conexiones

¿Qué inspiró al gato en este poema?
PREGUNTA ESENCIAL

¿Qué cosas hay en el mundo que te inspiran? **EL TEXTO Y EL MUNDO**

Compara los textos

Lee estos poemas y descubre
cómo nos inspira la naturaleza.

El río

Sé que el río canta
lo escuché descuidado esta madrugada.
Le hizo guiños al sol
y se fue corriendo a la playa.

Ahora cuando lo observo
con sus cristales de plata
aunque el río está **sereno**
sé que lleva una canción en el alma.

¡Quién como el río fuera
cantando en las riberas nanas!
¡Quién se desbordara en la playa
sin que nunca se agotara!

¡Quién fuera transparente
y a la transparencia llegara!

Olga Ruiz Morell

Poema "El río" del libro "Aunque la piena viene de Ponce", página 82.
Ilustrado por Romina Biassoni.

El manzano

El manzano en el patio
es el jardín de mis horas
da sombra, da calma,
da flores y manzanas.

El patio donde está el manzano
se achica
se cierra sobre sus ramas
que crecen y crecen sin saberlo.

Mi manzano,
   mi patio,
     mis manzanas,
      mi jardín,
       mis horas,
        mis sueños.

Laia Cortés

Haz conexiones

En estos poemas las poetas escriben sobre cosas de la naturaleza. ¿Por qué crees que un manzano y un río pueden servir de inspiración? **PREGUNTA ESENCIAL**

Compara la inspiración del gato enamorado con la inspiración que usa la poeta para escribir "El río". ¿En qué se parecen los dos poemas? ¿Y en qué se diferencian? **EL TEXTO Y OTROS TEXTOS**

Pregunta esencial

¿Cómo conseguimos lo que necesitamos?

Descubre cómo el arte y la música también son necesarios.

¡Conéctate!

358

El grillo y la hormiga

Pepe del Valle
Ilustraciones de **Sergio Vera**

ESCENA 1

Homero: Buenas tardes y bienvenido.

Guillermo: Buenas tardes.

Homero: Mi nombre es Homero. Soy su vecino. Desde el patio de su casa podrá apreciar los terrenos de mi granja y mi maizal.

Guillermo: Mucho gusto. Yo me llamo Guillermo. El viaje para llegar a Estados Unidos ha sido largo y necesito descansar, pero gracias por darme la bienvenida.

Homero: ¡Cómo no! Acomódese y descanse. Hablaremos en otra ocasión.

ESCENA 2

Guillermo: Buenos días, vecino. ¿Cómo está usted hoy?

Homero: Yo muy bien. Aquí en la labranza... Es trabajo duro, pero nos tenemos que preparar para el largo y frío invierno.

Guillermo: Si quiere le alegro un poco el día con música.

Homero: Me encantaría, ¿pero no tiene usted que prepararse para el invierno?

Guillermo: Estoy componiendo unas piezas musicales que requieren de mucho trabajo y espero poder tocarlas con mi grupo de música durante el invierno.

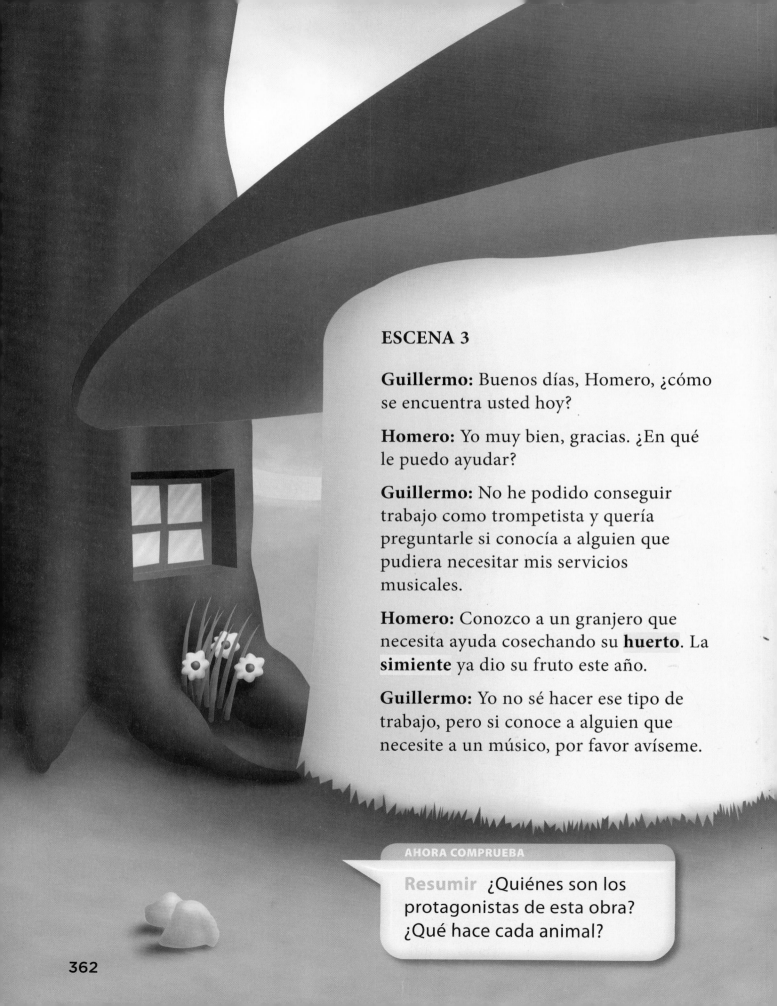

ESCENA 3

Guillermo: Buenos días, Homero, ¿cómo se encuentra usted hoy?

Homero: Yo muy bien, gracias. ¿En qué le puedo ayudar?

Guillermo: No he podido conseguir trabajo como trompetista y quería preguntarle si conocía a alguien que pudiera necesitar mis servicios musicales.

Homero: Conozco a un granjero que necesita ayuda cosechando su **huerto**. La **simiente** ya dio su fruto este año.

Guillermo: Yo no sé hacer ese tipo de trabajo, pero si conoce a alguien que necesite a un músico, por favor avíseme.

AHORA COMPRUEBA

Resumir ¿Quiénes son los protagonistas de esta obra? ¿Qué hace cada animal?

ESCENA 4

Guillermo: Nunca había conocido a alguien tan **hacendoso**.

Arturo: ¿De quién me hablas?

Guillermo: De mi vecino Homero. Todos los días se levanta muy temprano para cosechar su cultivo.

Arturo: La labranza requiere de mucho trabajo.

Guillermo: La música también requiere de mucho trabajo, estudio y práctica.

Arturo: Sobre todo si se tocan dos instrumentos al mismo tiempo.

ESCENA 5

Guillermo: Homero, ¿por qué trabaja usted tanto?

Homero: Se lo he dicho antes, querido vecino. Hay que prepararse para el invierno. Usted quizás no conoce lo duro que son los inviernos porque usted acaba de llegar.

Guillermo: Entiendo lo que me dice, pero faltan muchas semanas para que llegue el invierno. Ahora mismo estoy ensayando unas canciones nuevas, con temas invernales.

Homero: Si nos da una mano cargando estos granos al granero le puedo pagar por su trabajo.

Guillermo: Quizás en otra ocasión. Tengo que terminar de hacerle unos toques finales a mis nuevas piezas.

AHORA COMPRUEBA

Resumir ¿Por qué está tan atareada la hormiga?

ESCENA 6

Homero: Querida familia, quiero darles las gracias por todo el trabajo que han realizado este año. El **granero** está repleto. No habrá escasez en nuestro hormiguero este invierno.

La esposa de Homero: Niños, espero que nunca olviden la importancia del trabajo y el valor de trabajar en equipo.

Homero: Yo solo espero que nuestro vecino Guillermo se esté preparando también.

ESCENA 7

Guillermo: Hola, ¿cómo estás Arturo?
¿Has tenido suerte encontrando trabajo?

Voz de Arturo: No he sido tan afortunado este
año. Espero que nuestra suerte cambie porque
de lo contrario vamos a pasar hambre.

Guillermo: Sí, espero que nuestra suerte
cambie. Hasta luego.

ESCENA 8

Guillermo: Estimado Homero, me estoy **congelando** y tengo mucha hambre. No he tenido suerte consiguiendo trabajo como músico y quería preguntarle si no sería mucha molestia que me diera un poco de comida.

Homero: Ay, Guillermo, ¿no se lo advertí? ¿No le dije que tenía que prepararse para el invierno?

Guillermo: Sí, disculpe, me lo dijo varias veces, pero parece que por aquí nadie necesita el trabajo de los músicos.

Homero: Yo no regalo comida. No le estaría dando un buen ejemplo a mis hijos. Pero le puedo dar comida a cambio de trabajo.

Guillermo: Por supuesto. ¿Qué puedo hacer por usted?

Homero: He invitado a toda mi familia a una fiesta y usted podría entretenernos con su música.

Guillermo: Por supuesto. Cuente con ello.

ESCENA 9

Homero: Guillermo, mi familia se ha quedado muy impresionada con su talento musical. Mis primos quieren que toque en su restaurante y a mi tía Eulalia le gustaría contratarlo para hacer la música del matrimonio de su hija. Usted es un excelente músico y se le debe pagar por su trabajo.

Guillermo: Le estoy muy agradecido, estimado vecino. Haré lo mejor posible por entretener a toda su familia durante todo el invierno.

AHORA COMPRUEBA

Volver a leer ¿Qué hacían las hormigas durante el verano? ¿Qué harán las hormigas durante el largo invierno?

Valoremos a los artistas con Pepe y Sergio

Pepe del Valle nació en San Juan, Puerto Rico, en 1964. Es autor de muchos cuentos conocidos como *La oruga sandunguera*, *El lago Adoquinado* y *Los amigos de Mario tienen picos extraños*. Estudió literatura en la Universidad de Nueva York. Actualmente vive en Wisconsin, donde trabaja como editor de libros de texto para niños y estudiantes universitarios.

Sergio Vera nació en Buenos Aires, Argentina. La ilustración es su pasión. Desde pequeño dibujaba en todo momento, en cualquier retazo de papel que tuviera cerca. Cursó estudios de diseño gráfico, caricatura y dibujo humorístico en la Universidad de Buenos Aires.

Propósito del autor

¿Por qué el autor escoge la hormiga para el personaje trabajador? ¿Qué mensaje quiere dejarnos el autor en este cuento?

(t) Courtesy of Pepe del Valle; (b) Courtesy of Sergio Vera

Respuesta a la lectura

Resumir

Resume los sucesos más importantes del cuento. Escribe los detalles en la tabla para ordenar tus ideas.

Detalles

↓

Punto de vista

Evidencia en el texto

1. ¿Cómo sabes que *El grillo y la hormiga* es una obra de teatro? **GÉNERO**

2. ¿Qué piensa la hormiga sobre el grillo? ¿Cambió su punto de vista? **PUNTO DE VISTA**

3. Busca la palabra *granjero* en la página 362. ¿Cómo puedes usar la palabra *granja* para averiguar lo que significa *granjero* en esa oración? **RAÍCES DE PALABRAS**

4. Escribe sobre los sentimientos de la hormiga ante las acciones del grillo. Compáralos con tus propios sentimientos. **ESCRIBIR SOBRE LA LECTURA**

¿? Haz conexiones

¿Cómo consiguió el grillo lo que necesitaba para pasar el invierno? **PREGUNTA ESENCIAL**

¿Todos los trabajos son importantes? ¿Por qué? **EL TEXTO Y EL MUNDO**

Compara los textos

Lee el texto para saber cómo las personas intercambian productos por las cosas que necesitan.

Cuando el maíz valía oro

Piensa en la última vez que intercambiaste refrigerios, tarjetas de béisbol o videojuegos con un amigo. Intercambiaste algo que tenías por algo que querías y no usaste dinero. Eso se llama **trueque**.

¿Por qué se usa el trueque? Es una buena manera de conseguir lo que se necesita sin usar dinero. La gente se ha dedicado al trueque durante miles de años.

Los agricultores intercambiaban su cosecha por cosas que necesitaban.

© Ocean/Corbis

378

El sistema de trueque

Hace mucho tiempo no existía el dinero. Por eso se usaba el trueque para conseguir alimentos, ropa y alojamiento. Una familia que criaba gallinas cambiaba huevos por leche con los vecinos que tenían una vaca.

A veces había problemas. ¿Qué sucedía si un agricultor quería intercambiar manzanas por zapatos pero el zapatero no quería manzanas? No había intercambio. Además, tenían que decidir el valor de las cosas que se intercambiaban. Había que ponerse de acuerdo sobre la cantidad de manzanas que se intercambiarían por zapatos.

A pesar de estos problemas, el trueque existía en todo el mundo y fue una parte importante de la historia del continente americano.

Indígenas americanos

En el pasado, los indígenas americanos usaron el trueque. Los miembros de diferentes familias y aldeas se juntaban para intercambiar artículos, o productos como maíz, frijoles, tabaco, pescado seco y carne. Intercambiaban piedras para hacer puntas de flechas y pieles de animales para hacer ropa.

Los indígenas del nordeste valoraban las cuentas de caracolas de almejas. Se llamaban *wampum*, que significa "hilos de cuentas de caracol blanco" en la lengua algonquina. El *wampum* se daba en las ceremonias como obsequio.

Más adelante, cuando los indígenas comenzaron a hacer intercambios con los colonizadores europeos, el *wampum* se convirtió en una forma de dinero.

Los indígenas americanos usaban *wampum* para decorar la ropa y otros artículos, como este cinturón.

MPI/Archive Photos/Getty Images

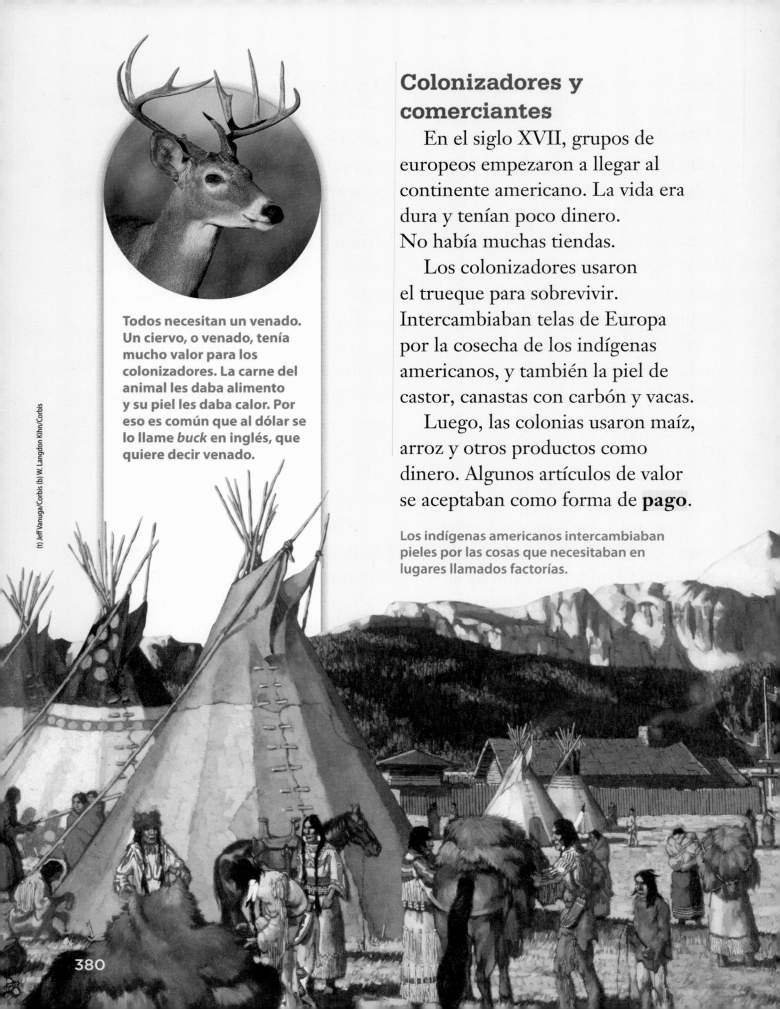

Colonizadores y comerciantes

En el siglo XVII, grupos de europeos empezaron a llegar al continente americano. La vida era dura y tenían poco dinero. No había muchas tiendas.

Los colonizadores usaron el trueque para sobrevivir. Intercambiaban telas de Europa por la cosecha de los indígenas americanos, y también la piel de castor, canastas con carbón y vacas.

Luego, las colonias usaron maíz, arroz y otros productos como dinero. Algunos artículos de valor se aceptaban como forma de **pago**.

Los indígenas americanos intercambiaban pieles por las cosas que necesitaban en lugares llamados factorías.

Todos necesitan un venado. Un ciervo, o venado, tenía mucho valor para los colonizadores. La carne del animal les daba alimento y su piel les daba calor. Por eso es común que al dólar se lo llame *buck* en inglés, que quiere decir venado.

(t) Jeff Vanuga/Corbis (b) W. Langdon Kihn/Corbis

¿Quién quiere hacer un intercambio?

Hoy la vida es más fácil. Tenemos un sistema monetario y tiendas que venden todo lo que necesitamos. Pero a la gente todavía le gusta usar el trueque. La próxima vez que en tu escuela haya un centro de trueque, podrías intercambiar algunos de tus juegos y juguetes viejos. El trueque es divertido y nos ayuda a mantener los armarios limpios.

Haz conexiones

¿Cómo conseguimos lo que necesitamos mediante el trueque? **PREGUNTA ESENCIAL**

Piensa en lo que has leído esta semana. ¿Qué artículos son buenos para el trueque? **EL TEXTO Y OTROS TEXTOS**

Productos que se usaban como dinero

Productos	Dónde se usaban como dinero
Maíz	Colonias del norte, como Massachusetts y Rhode Island
Piel de ciervo	Colonias del norte, como Massachusetts y Rhode Island
Tabaco	Colonias del sur, como Virginia
Arroz	Colonias del sur, como Georgia y Carolina del Sur
Ganado	En todas las colonias

(t to b) FoodCollection/SuperStock (2) Alan and Sandy Carey/Photodisc/Getty Images (3) StockBrazil/Alamy (4) foodfolio/Alamy (5) Photodisc/Getty Images

381

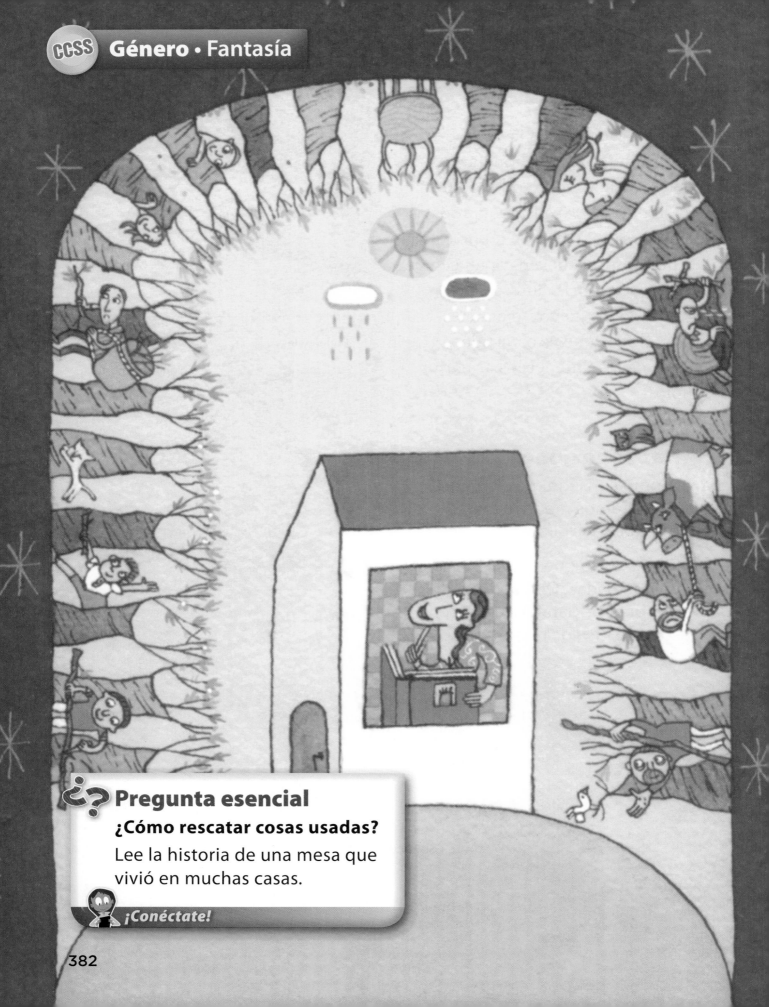

Pregunta esencial

¿Cómo rescatar cosas usadas?

Lee la historia de una mesa que vivió en muchas casas.

¡Conéctate!

382

De cómo nació la memoria de El Bosque

Rocío Martínez

Hubo una vez un leñador que vivía del bosque. El leñador lo sentía como suyo porque había jugado en él, había amado en él y sus ramas lo habían protegido de la lluvia y el calor.

De cómo nació la memoria de El Bosque, de Rocío Martínez. D.R. © (2007) FONDO DE CULTURA ECONÓMICA. Carretera Picacho-Ajusco 227, C.P. 14378, México, D.F. Esta edición consta de 27,674 ejemplares.

El leñador era hijo y nieto de leñadores y de ellos aprendió que un solo hombre puede hacer desaparecer un bosque.

Por eso, cuando llegó el momento, tal como hicieron sus **antepasados**, plantó un árbol y, al doblar este su estatura, dejó el **oficio**.

En memoria de lo que había sido, cortó el árbol,
serró la madera y construyó una sencilla mesa. La
mesa y él **envejecieron** juntos. Sobre ella el leñador
comía, reía, jugaba a las cartas, charlaba con su hijo y
cantaba con los amigos. Desde su mesa contemplaba
el bosque y, sobre ella, murió.

El hijo del leñador sentía tanta tristeza cuando
miraba la mesa que se la dio al panadero. Este,
agradecido, le regaló tres sabrosos panes.

Durante años el panadero amasó la harina y puso
los olorosos panes horneados sobre la mesa, hasta
que sus brazos no pudieron trabajar más.

Fue entonces cuando la vieja mesa pasó al lechero que, agradecido, le regaló esponjosa nata para hacer tres ricos pasteles.

El lechero ponía los cántaros rebosantes de leche recién ordeñada sobre la mesa para que el gato no se la bebiese. Pero una vaca cogió la manía de derramarla con el rabo.

AHORA COMPRUEBA

Resumir ¿Por qué los personajes regalan la mesa?

389

Como el lechero no podía deshacerse de la vaca, llevó la vieja mesa al tendero que, agradecido, le regaló tres cántaros nuevos.

El tendero puso una balanza en la vieja mesa que ya cojeaba un poco…

Con los años hizo crecer su negocio y compró una mesa mayor.

Como ya no cabían las dos, dejó que su sobrina se llevase la vieja. Ella, agradecida, le escribió tres sinceros versos.

La sobrina del tendero se la llevó a la ciudad. La pintó de azul y le puso un brasero debajo.

Se calentaba así las tardes de invierno mientras escribía cartas de amor.

Pero una noche se quedó encendido y toda la casa **ardió**.

AHORA COMPRUEBA

Resumir ¿Por cuántas casas ha pasado la mesa que construyó el leñador del bosque?

Nadie quería una vieja, sucia y coja mesa quemada, así que la tiraron a la basura.

Allí conoció el olor de las flores marchitas, los arañazos de las latas **oxidadas** y las caricias de un colchón de lana rajado.

Una pareja encontró la mesa y se la llevó a su casa. Esta era tan pequeña que tuvieron que cortarle las patas. Al ser el único mueble que tenían, allí comían, escribían, discutían y reían.

La vida y el azar llevaron a la hija de la pareja a vivir cerca del bosque del leñador.

Allí la mesa volvió a sentir el rumor de la brisa entre los árboles y el olor de la tierra húmeda y, entonces, le empezaron a salir pequeñas yemas que luego fueron brotes. Le nacieron tantas ramas y tan frondosas que llegó a confundirse con el bosque cercano, donde la había llevado la hija.

La hija aprendió que un solo hombre puede mantener vivo el bosque. Por eso decidió dejar memoria de esta historia.

Cogió papel y, con sus pinceles, hizo un libro.

Gracias a él sus hijos, sus nietos y los hijos de sus nietos sienten El Bosque como suyo.

AHORA COMPRUEBA

Volver a leer ¿Por qué le salen brotes a la mesa cuando regresa al bosque?

Con Rocío, conservemos la memoria del bosque

Rocío Martínez estudió pintura y es ilustradora profesional de libros infantiles. Pero, hace diez años también comenzó a escribir cuentos. Dice Rocío que escribió este cuento porque extrañaba una vieja mesa de madera que había recogido de la calle, de la que tuvo que deshacerse. Ilustró maravillosamente el libro con las formas simples y los colores vivos que usaban los artistas medievales, a quienes admira. Ella quiere que los niños disfruten leyendo tanto como ella disfrutó haciendo el libro.

Propósito de la autora

¿Por qué el cuento empieza en un bosque y termina en un bosque? ¿Por qué la autora usa el detalle de los brotes que le salen a la mesa al final del cuento?

Respuesta a la lectura

Resumir

Resume los sucesos más
importantes del cuento. Escribe
los detalles en tu tabla para
ordenar tus ideas.

Evidencia en el texto

1. ¿Cómo sabes que *De cómo nació
la memoria de El Bosque* es una fantasía? **GÉNERO**

2. ¿Cuál es el sentimiento del leñador por la mesa?
¿Y el de la hija de la pareja que se llevó la mesa
al bosque? Busca en el texto dos detalles que
sirvan de evidencia. **PUNTO DE VISTA**

3. Busca la palabra *yemas* en la página 395. ¿Cómo
puedes averiguar lo que significa *yemas* en esta
oración? **HOMÓGRAFOS**

4. ¿Qué quiere decir la hija con "aprendió que
un solo hombre puede mantener vivo el
bosque"? **ESCRIBIR SOBRE LA LECTURA**

¿? Haz conexiones

¿Qué aprendiste sobre el rescate de cosas
usadas en este cuento? **PREGUNTA ESENCIAL**

¿Por qué es importante reciclar los objetos
en lugar de desecharlos? **EL TEXTO Y EL MUNDO**

Compara los textos

Lee el texto para enterarte de cómo algunos artistas reutilizan materiales de uso diario.

de basura a arte

La basura de una persona es el tesoro de otra. Eso es lo que piensan algunos artistas. Ellos buscan láminas de aluminio, botellas de plástico y partes de computadora viejas en contenedores o cubos de basura. Alexander Calder, Miwa Koizumi y Marion C. Martínez son artistas que han transformado basura en fantásticas obras de arte.

(l) AP Images (c) Miwa Koizumi http://miwa.metm.org (r) Courtesy of Marion C. Martínez

Este movil de Alexander Calder es una escultura que se mueve. Cuelga del techo.

Los móviles gigantes de Alexander Calder

En la década de 1950, el escultor y pintor Alexander Calder tenía un gran problema. Quería construir móviles de metal gigantes. Un móvil es una escultura que se mueve y cuelga del techo. Se balancea cuando se toca o cuando hay viento. Muchos de los metales eran demasiado pesados para moverse como Calder deseaba.

Resolvió su problema usando aluminio reciclado del casco de aviones. El aluminio venía en láminas grandes pero era fácil cortarlo en formas interesantes. Y era bastante liviano para moverse con velocidad. Calder reutilizó este metal para crear sus enormes esculturas móviles.

HAZ TU PROPIO MÓVIL

Sé un artista. Recicla materiales viejos para crear un móvil.

Materiales
percha de alambre, cuerda, tijeras, objetos viejos

1. Junta objetos viejos que sean bastante livianos para colgarlos de una cuerda. Por ejemplo discos compactos, juguetes de plástico pequeños, partes de botellas viejas o recortes de papel.

2. Pide ayuda a un adulto para doblar la percha en la forma que deseas.

3. Conserva la forma del gancho para poder colgar el móvil.

4. Corta la cuerda en diferentes tamaños.

5. Ata cada objeto a un extremo de una cuerda. Ata el otro extremo a la percha.

6. Cuelga el móvil y hazlo girar.

© Christie's Images/Corbis/Artist Rights Society, NY

Las criaturas marinas
de Miwa Koizumi

Cuando la artista Miwa Koizumi llegó a la Ciudad de Nueva York, vio botellas de plástico vacías por todas partes. Las botellas rebosaban de los cubos de basura y estaban esparcidas por las calles. Por eso, decidió usar algunas de esas botellas en sus obras de arte.

Hoy Koizumi corta y derrite botellas de plástico para darles forma. Luego, las une para que luzcan como animales marinos. Las cuelga para que parezca que están nadando. Koizumi transforma trozos de plástico viejo en fantásticas criaturas marinas que flotan.

Para Koizumi era normal **reciclar** materiales de la basura para usarlos en sus obras de arte. Desde la antigüedad se ha usado materiales reutilizables. Incluso los animales reutilizan trozos de basura. Las aves construyen nidos con retazos de telas viejas y materiales descartados. Entonces, ¿por qué no podrían usar los artistas materiales reciclados para sus obras de arte?

Miwa Koizumi realiza esculturas como estas con botellas de plástico viejas.

Miwa Koizumi http://miwa.metm.org

El arte de alta tecnología de Marion C. Martínez

Hace casi veinticinco años, la artista Marion C. Martínez, de Nuevo México, abrió su computadora para repararla e hizo un gran descubrimiento. Las placas de circuitos y los cables dentro del equipo eran hermosos.

Martínez pensó: "¿Cómo puedo usar estos increíbles diseños en mis obras de arte?". Al poco tiempo, comenzó a recolectar placas de circuitos y otros componentes electrónicos que encontraba en la basura. Martínez los reciclaba y los transformaba en fabulosas joyas y esculturas de pared. Esta artista también ayuda al planeta Tierra con el reciclado. Y está transformando partes de computadora en arte. ¡Eso sí es **conservación** del medio ambiente!

Marion C. Martínez hizo este broche de oso con partes de computadora viejas.

Todos los años, arrojamos miles de millones de botellas de plástico y millones de toneladas de componentes electrónicos viejos que no necesitamos. Alex Calder, Miwa Koizumi y Marion C. Martínez han reciclado estos trozos de basura y los han convertido en arte.

Haz conexiones

¿Cómo reutiliza la gente lo que tiene? **PREGUNTA ESENCIAL**

¿Qué otros artículos y cuentos has leído sobre la reutilización de objetos viejos? **EL TEXTO Y OTROS TEXTOS**

Courtesy of Marion C. Martinez

Incendios forestales

Seymour Simon

Roll/FEMA Photo News

Pregunta esencial

¿Cómo trabajan juntos los equipos?

Lee sobre los incendios forestales. Averigua qué los ocasiona y cómo responden los equipos de emergencia.

¡Conéctate!

Los incendios forestales son de terror. Las llamas saltan de un árbol a otro. A veces, se mueven con más velocidad que una persona que corre. Los incendios forestales pueden ocasionar desastres. Queman árboles, destruyen casas y se cobran vidas humanas.

Pero no todos los incendios forestales son dañinos. Estos pueden resultar beneficiosos. La quema de árboles viejos permite que crezcan árboles pequeños y jóvenes. Algunos árboles, como las secuoyas gigantes, necesitan los incendios para poder liberar sus semillas. Los incendios forestales no son el fin, sino una parte del ciclo del mundo natural.

Cómo comienzan los incendios

El calor causa incendios. Un relámpago puede provocar un incendio. También puede provocarlo una chispa **accidental** de una fogata. Una hoja se quema y el fuego se propaga. Las hojas en llamas prenden fuego a una rama y, después, a todo el árbol. El calor prende fuego a un árbol cercano sin tocarlo siquiera. Un incendio forestal enorme y feroz puede estallar por causa de la llama de un fósforo **descuidado**.

Los incendios también necesitan combustible y oxígeno para arder. La leña y las hierbas secas son el combustible de los incendios forestales. El oxígeno es un gas invisible que está en el aire que nos rodea. La leña húmeda casi nunca se quema porque el agua evita que el oxígeno llegue al fuego. Por eso, se arroja agua sobre los incendios para apagarlos.

© Ocean/Corbis

Un rayo cae sobre una montaña en Colorado.

¡No todos los incendios forestales son malos!

No es completamente cierto que "únicamente tú" puedes prevenir los incendios forestales. Pocos incendios forestales son provocados por una persona a **propósito**. En el oeste de Estados Unidos la mayoría de los incendios forestales son provocados por los rayos. Los incendios forestales son naturales y la **prevención** total no es posible ni deseada.

Los incendios forestales crean claros en los bosques para árboles y arbustos nuevos. Una parte de los árboles quemados se convierte en ceniza. La lluvia y la nieve devuelven los minerales de la ceniza a la tierra. Las plantas florecientes crecen a plena luz del sol en los nuevos claros forestales.

Las piñas de algunos pinos liberan semillas solo cuando están calientes. Las semillas de las piñas caídas cincuenta años atrás crecen después de un incendio. Algunos árboles, como el alerce occidental, tienen cortezas gruesas que los protegen del calor. A menudo, estos árboles sobreviven a muchos incendios forestales.

En general, los animales no mueren en los incendios forestales. La mayoría corre con más velocidad que las llamas que se propagan. Las aves y los mamíferos comen las semillas que encuentran en los claros luego de un incendio. Algunas plantas crecen rápidamente y son alimento para los animales que, de lo contrario, morirían de hambre.

© Raymond Gehman/Corbis

Muchos científicos dicen que los incendios forestales son naturales. Lo que no se sabe es cuándo ocurrirán. Las comunidades deben aprender cómo apagarlos. En zonas urbanas, los equipos de bomberos tienen que **acudir** de inmediato y mantener los incendios bajo control.

En zonas salvajes, los bomberos deben controlar los incendios pequeños rápidamente. Las hojas y ramas caídas se apilan sobre el suelo forestal convirtiéndose en combustible que los alimenta. Para prevenir incendios forestales hay que evitar que los incendios pequeños se desarrollen.

El bombero proteg[...] a la gente y las propiedades del d[...] de un incendio.

AHORA COMPRUEBA

Hacer y responder preguntas ¿Por qué el autor piensa que los incendios forestales pueden ser buenos? Vuelve a leer para hallar la respuesta.

Estos bomberos están quitando los arbustos para hacer un cortafuegos, en el norte de California.

Code Red/Getty Images

¡Arde California!

La primavera y el verano de 2008 fueron calurosos y secos en California. Casi no llovió durante tres años. Fue la primavera más seca que se conoció. Los árboles y las hierbas estaban completamente secos. El 20 y el 21 de junio, tormentas eléctricas y rayos azotaron la costa. Los rayos provocaron más de 2,000 incendios forestales que cubrieron gran parte del norte de California con una espesa capa de humo. El cielo se puso amarillo y la luna, roja.

Altas temperaturas y fuertes vientos propagaron las llamas. El 7 de julio, comenzó una ola de calor. Las temperaturas tierra adentro se elevaron por encima de los 120 °F. El Servicio Meteorológico Nacional dio alertas de peligro de incendio. El 12 de julio, más de 800,000 acres se habían quemado. Fue la mayor cantidad de incendios forestales registrados en California.

Más de 20,000 bomberos lucharon contra los incendios. Algunos equipos usaron camiones, autobombas, camiones cisternas y excavadoras. Otros usaron hachas, picos y palas. Muchos llevaron agua, espuma, mangueras y bombas. Combatieron incendios donde no había carreteras.

Camiones cisterna y helicópteros especiales arrojaban agua. Equipos de bomberos paracaidistas saltaban desde los helicópteros para ayudar en los cortafuegos.

Combatir incendios es peligroso. Es difícil escapar si el viento cambia de dirección. Los incendios de California en 2008 causaron la muerte de veintitrés personas.

AHORA COMPRUEBA

Hacer y responder preguntas
¿Cómo respondieron los bomberos al incendio forestal en California? Vuelve a leer esta página para hallar la respuesta.

Trabajo en equipo

Durante años, los bomberos han trabajado en equipo para extinguir incendios forestales. Pero, debido a la acumulación de combustible natural en el suelo, los incendios han empeorado. Ahora se generan incendios preventivos. En Florida los bomberos queman un millón de acres de pastizales al año. Esto ayuda a prevenir que futuros incendios se salgan de control. A veces, los bomberos de Kings Canyon, California usan un **equipo** llamado antorcha de goteo para encender pequeñas fogatas. Los incendios controlados ayudan a prevenir los más grandes, quemando maleza y madera muerta.

Los bomberos provocan un incendio pequeño para prevenir uno mayor.

(bkgd) Klaus Lang/All Canada Photos; (inset) © Raymond Gehman/Corbis

Después de un incendio forestal

Cuando los incendios se apagan, dejan áreas verdes y negras en los bosques. Las áreas verdes no están quemadas. Las áreas negras comienzan a reverdecer rápidamente. Los cocuyos ponen huevos en troncos carbonizados. Las hormigas y los ciempiés se mantienen ocupados, incluso mientras la tierra está caliente. Las plantas pronto comienzan a crecer de las raíces y semillas que había allí antes del incendio.

Los halcones revolotean en el aire. Cazan pequeños mamíferos en los espacios abiertos. Los pájaros carpinteros buscan insectos debajo de la corteza de los árboles ennegrecidos. El pasto nuevo y las flores silvestres atraen a los animales de pastoreo. Las aves llegan de todas partes para atrapar insectos en los campos.

Unos años después de los incendios de 2008, nuevas plantas crecieron en las áreas quemadas. Los pinos jóvenes alcanzaron la altura de una persona. Antes del incendio, los árboles viejos bloqueaban el sol. Solo algunas plantas crecían en la sombra profunda. Los incendios posibilitaron el crecimiento de plantas jóvenes. Sin los incendios, las plantas rastreras se habrían extinguido. Cincuenta años después de un incendio, el bosque vuelve a tener árboles altísimos, como los pinos. Las plantas pequeñas se extinguen a la sombra. Así continúa el ciclo de quema y renacimiento.

Luego de un incendio en este parque nacional en Canadá, los árboles y las plantas comienzan a crecer de nuevo.

Los bosques renacen

Diez años después de un incendio forestal, los bosques se renuevan. Los troncos de los árboles quemados pierden la corteza ennegrecida y se tornan de color gris musgoso plateado. Los prados florecientes y los pequeños árboles y arbustos crecen en claros en el bosque. Las áreas quemadas desaparecen lentamente.

El lapso entre los incendios forestales naturales depende de la ubicación y el clima. En gran parte del oeste, los incendios forestales pueden quemar un bosque cada doscientos o trescientos años. Sin embargo, en los bosques de pino de Florida, los incendios forestales ocurren cada siete a diez años. En los bosques de cedros y píceas de Washington, pueden transcurrir mil años entre un incendio forestal y otro.

Nuevos árboles y plantas crecen junto a los árboles quemados después de un incendio en el Parque Nacional Yosemite, en California.

© Peter Carroll/All Canada Photos/Corbis

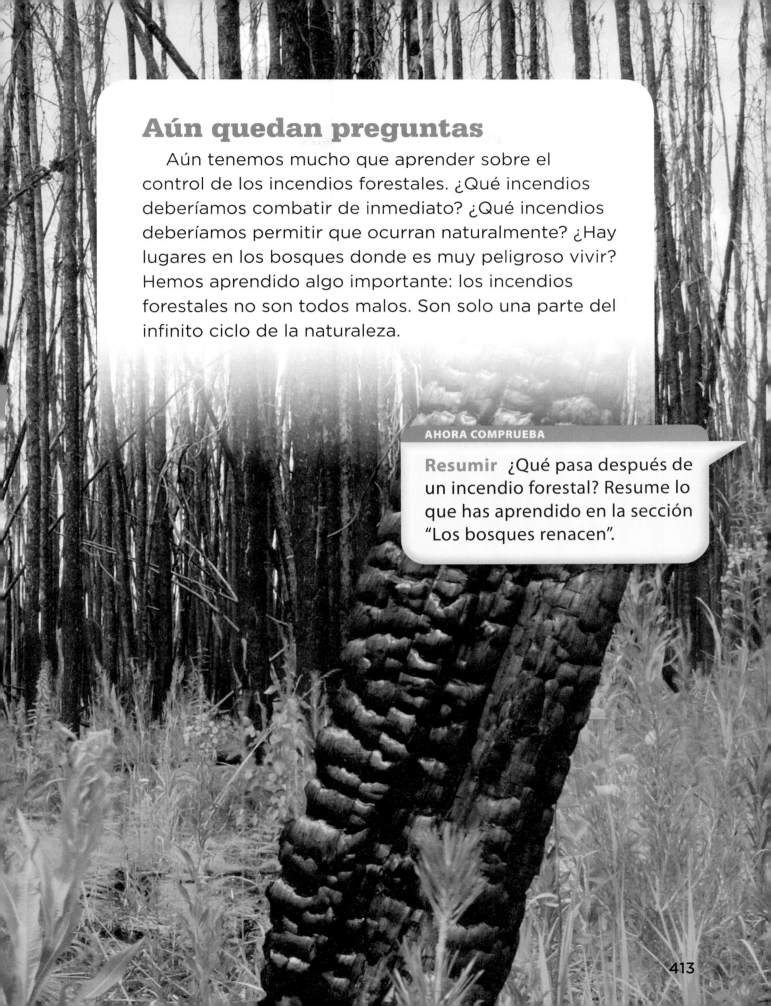

Aún quedan preguntas

Aún tenemos mucho que aprender sobre el control de los incendios forestales. ¿Qué incendios deberíamos combatir de inmediato? ¿Qué incendios deberíamos permitir que ocurran naturalmente? ¿Hay lugares en los bosques donde es muy peligroso vivir? Hemos aprendido algo importante: los incendios forestales no son todos malos. Son solo una parte del infinito ciclo de la naturaleza.

AHORA COMPRUEBA

Resumir ¿Qué pasa después de un incendio forestal? Resume lo que has aprendido en la sección "Los bosques renacen".

Conozcamos al autor

Seymour Simon ha amado la naturaleza desde niño. Vivía en la Ciudad de Nueva York, donde exploraba los parques de la ciudad y los terrenos baldíos y observaba los insectos, las aves y las plantas. Durante unas vacaciones en la montaña, pasó la mayor parte del tiempo aprendiendo sobre la naturaleza. Seymour se convirtió en maestro de ciencias y en escritor. Ha compartido su amor por la naturaleza con generaciones de estudiantes. Seymour ha escrito más de 250 libros de ficción y no ficción para niños.

Propósito del autor

¿Por qué Seymour Simon escribió sobre los incendios forestales?

(bkgd) Liz Roll/FEMA Photo News (inset) Charles Harbutt

Respuesta a la lectura

Resumir

Resume lo que has aprendido sobre los incendios forestales. Escribe los detalles en la Tabla para encontrar el punto de vista.

Detalles

↓

Punto de vista

Evidencia en el texto

1. ¿Cómo sabes que *Incendios forestales* es un texto expositivo?¿Qué características observas en el texto? **GÉNERO**

2. ¿Cuál es el punto de vista del autor sobre la prevención de los incendios forestales? ¿Estás de acuerdo con el autor? ¿Por qué? **PUNTO DE VISTA DEL AUTOR**

3. Busca la palabra *combatir* en la última página. ¿Cómo puedes usar las claves de contexto para descubrir su significado? **CLAVES DE CONTEXTO**

4. Escribe cómo el autor convence a los lectores de que los incendios forestales pueden ser buenos. ¿Qué lenguaje usa? **ESCRIBIR SOBRE LA LECTURA**

 Haz conexiones

¿Por qué los bomberos trabajan en equipo? **PREGUNTA ESENCIAL**

¿Por qué el trabajo de los bomberos es importante? **EL TEXTO Y EL MUNDO**

Compara los textos

Lee cómo Windy Gale y su mascota, la pantera Gusti, trabajaron juntos para detener un huracán.

El gran huracán de Windy Gale

Hace mucho tiempo nació una bebé en Florida. Esa noche había tanto viento que las montañas se volaron. Solo quedó el terreno plano al que llamamos Everglades. Algo de ese viento penetró en la bebé. Desde muy pequeña controlaba el viento con la respiración. Por eso la llamaron Windy Gale.

Un día, cuando Windy tenía nueve años, escuchó un alerta en la radio:

—¡Se acerca un huracán! ¡No podemos detenerlo! La **prevención** no es una opción, amigos. ¡Tan solo tendrán que quedarse en sus casas y esperar!

Windy llamó a Gusti, su mascota, que era una pantera de Florida.

Mark Eberhardt

Windy dijo:

—¡No podemos esperar ni un minuto a que pase la tormenta! ¡Pronto llegará a Miami, y necesito que me lleves muy rápido hasta allí!

Saltó sobre el lomo de su mascota. Gusti dio un rugido. Después, corrió con tanta velocidad que llegaron en un santiamén.

El huracán se estaba acercando al golfo. Windy sabía lo que tenía que hacer para detenerlo. Respiró muy profundo tres veces, 1… 2… 3… y aspiró todo el aire del huracán. Cuando terminó de aspirar, lo único que quedó fue una suave y leve brisa.

Para agradecer a Windy y a Gusti, el alcalde de Miami le entregó una medalla a cada uno. Dijo:

—Este podría haber sido uno de los **desastres** más grandes en el estado de Florida. ¡Ellos son nuestros héroes!

Windy dio un suspiro de agradecimiento y al hacerlo, se voló el sombrero de la cabeza del alcalde.

¿? Haz conexiones

Comenta cómo Windy y su pantera, Gusti, trabajaron juntos para prevenir el huracán. **PREGUNTA ESENCIAL**

¿En qué se parece este cuento exagerado a otros cuentos exagerados que conoces? **EL TEXTO Y OTROS TEXTOS**

Elizabeth

y el derecho al voto:

la historia de
Elizabeth Cady
Stanton

TANYA LEE STONE

Ilustraciones de
REBECCA GIBBON

 Pregunta esencial

¿Qué hacen los buenos ciudadanos?

Lee sobre cómo Elizabeth Cady
Stanton luchó por el derecho al voto
de las mujeres.

 ¡Conéctate!

¿Qué harías
si alguien te dijera
que no puedes ser lo que deseas
porque eres mujer?

¿Qué harías
si alguien te dijera
que tu voto no cuenta,
que tus palabras no importan
porque eres mujer?

¿Preguntarías por qué?
¿Responderías?
¿Lucharías…
por tus derechos?
Elizabeth luchó por los suyos.

Todas estas cosas ocurrieron
cuando Elizabeth Cady era niña.

Y todas estas cosas seguirían ocurriendo
hoy si Elizabeth no hubiera marcado el camino.

Text and art of the book, ELIZABETH LEADS THE WAY: Elizabeth Cady Staton and the Right to Vote. Text by Tanya Lee Stone, illustrations by Rebecca Gibbon. Text copyright © 2008 by Tanya Lee Stone, illustrations © 2008 by Rebecca Gibbon. Reprinted by permission of Henry Holt and Company, LLC.

Tenía solo cuatro años la primera vez que oyó a una *mujer* decir que la vida de los varones era mejor.

La mujer había venido a conocer a la hermana recién nacida de Elizabeth.

"¡Qué pena que sea niña!".

¿Cómo era posible que alguien mirara a una bebé y se sintiera triste?

¿Qué podía haber de malo en ser niña?

Elizabeth tenía trece años
cuando su padre, el juez Cady,
le dijo a una mujer, cuyo esposo había muerto,
que debía abandonar la granja en la que había trabajado
y vivido toda la vida.
La ley estipulaba que, sin esposo,
nada le pertenecía a ella.

Elizabeth estaba **horrorizada** por esta injusticia.
¡Dijo que habría que eliminar la ley de todos
los libros!

El juez Cady le dijo que eso no cambiaría nada.

¡Ridículo!

La ley seguía siendo la ley.

Y solo a los hombres se les permitía
cambiar las leyes.

AHORA COMPRUEBA

Hacer y responder preguntas
¿Qué ley era injusta según Elizabeth?
Vuelve a leer para hallar la respuesta.

Ella decidió,
en ese momento y en ese lugar,
que haría todas las cosas
que podían hacer los varones.

Saltó **obstáculos** a caballo.

Cruzó en balsa un río turbulento.

Ganó un premio por ser la mejor de la clase de griego.

Su padre estaba orgulloso.
Pero le preocupaba que su hija tuviera un carácter tan
fuerte y que rompiera las reglas.

—¡Ay, tendrías que haber sido un
niño!— decía.
Él sabía que la vida de su hija
habría sido mucho más fácil.
Pero Elizabeth no estaba interesada
en las cosas fáciles.

A los dieciséis años, como las universidades no
admitían mujeres, Elizabeth suplicó a su padre que
la enviara a una escuela para mujeres para poder
continuar sus estudios.

Entonces, mientras las muchachas se casaban,
lavaban los platos,
lavaban la ropa
y tenían bebés,

Elizabeth estudiaba religión, matemáticas,
ciencias, francés y escritura.

Varios años después, Elizabeth Cady
conoció a Henry Stanton.

Él era un abolicionista que luchaba
contra la esclavitud.

Creía que era muy injusto que las personas
no tuvieran derechos ni poder.

No se reía
cuando Elizabeth hablaba
de la libertad.

No se reía
cuando Elizabeth decía que todas las personas
debían tener el derecho de vivir la vida
que *ellas* mismas escogieran.

Y no se rio
cuando Elizabeth le dijo
que añadiría su apellido al de ella,
pero que no renunciaría a su propio
apellido solo por haberse casado.

Entonces, Elizabeth Cady
se convirtió en Elizabeth Cady Stanton y
tuvo hijos, cocinó, lavó platos,
lavó ropa y la remendó.

Amaba a sus hijos, pero *no* amaba
cocinar, ni lavar, ni remendar.

Un día, su amiga Lucretia Mott la invitó a un almuerzo.

Lucretia siempre había compartido las ideas de Elizabeth
sobre todas las cosas que las mujeres podrían hacer y harían
si tan solo tuvieran el derecho de hacerlo.
Otra mujer que estaba en el almuerzo también compartía
esas ideas.

Elizabeth se entusiasmó. **Propuso** que tuvieran un encuentro.

Un encuentro que reuniría
a muchas mujeres
de todas partes para hablar.

¿Pero de qué hablarían?

Había *muchas* cosas
que modificar.

¡Las mujeres casadas
no podían poseer propiedades,
ni el dinero que habían ganado
con su trabajo!

Mucho tiempo atrás, Elizabeth había
aprendido que solo los hombres
podían cambiar las leyes.

Porque solo los hombres podían votar.

¡Esa era la solución!

Eso era lo *único*
que podría cambiar *todo*.

¡Si las mujeres pudieran votar,
podrían ayudar a cambiar
todo tipo de leyes!

Esa idea era tan inesperada,
tan grande,
tan **audaz**...
¡que las amigas de Elizabeth
quedaron boquiabiertas!

Si ellas estaban atónitas,
¿cómo reaccionarían los demás?

Elizabeth no **vaciló**.
Sabía que el voto era la única manera
de marcar la diferencia.

Su grito de batalla por el derecho al voto resonó:
"Debemos tenerlo. Debemos ejercerlo".

Hasta su esposo Henry pensó que Elizabeth
había ido demasiado lejos.

AHORA COMPRUEBA

Hacer y responder preguntas
¿Qué opinaba la gente sobre las ideas de
Elizabeth? Vuelve a leer para descubrirlo.

Pero el 19 de julio de 1848,
cuando Elizabeth llegó al lugar del encuentro,
se dio cuenta de que había valido la pena.

La pequeña iglesia, ubicada en Seneca Falls, Nueva York,
estaba repleta con cientos de personas.

Elizabeth leyó en voz alta
lo que ella y algunas de las mujeres
habían escrito juntas.

Su Declaración de Derechos y Sentimientos
desafió la idea de la Declaración de Independencia
según la cual "todos los *hombres* son creados iguales".

Cuando Elizabeth terminó,
miró el rostro de las personas en la multitud y esperó.

¡La sala estaba en silencio!
Luego comenzaron los murmullos.
Se volvieron más fuertes, más fuertes y más fuertes
mientras la gente debatía si había que permitir que
las mujeres votaran.

AHORA COMPRUEBA

Resumir ¿Cómo intentó Elizabeth obtener derechos para las mujeres? Resume los sucesos importantes en orden.

La noticia sobre aquel encuentro se propagó rápidamente.

Los periódicos de todo el país reprendieron a Elizabeth por su atrevimiento.

Pero otras mujeres se unieron a la batalla de Elizabeth.

La idea de que las mujeres tuvieran derecho al voto comenzó a zumbar en los oídos de la gente, desde Maine hasta California.

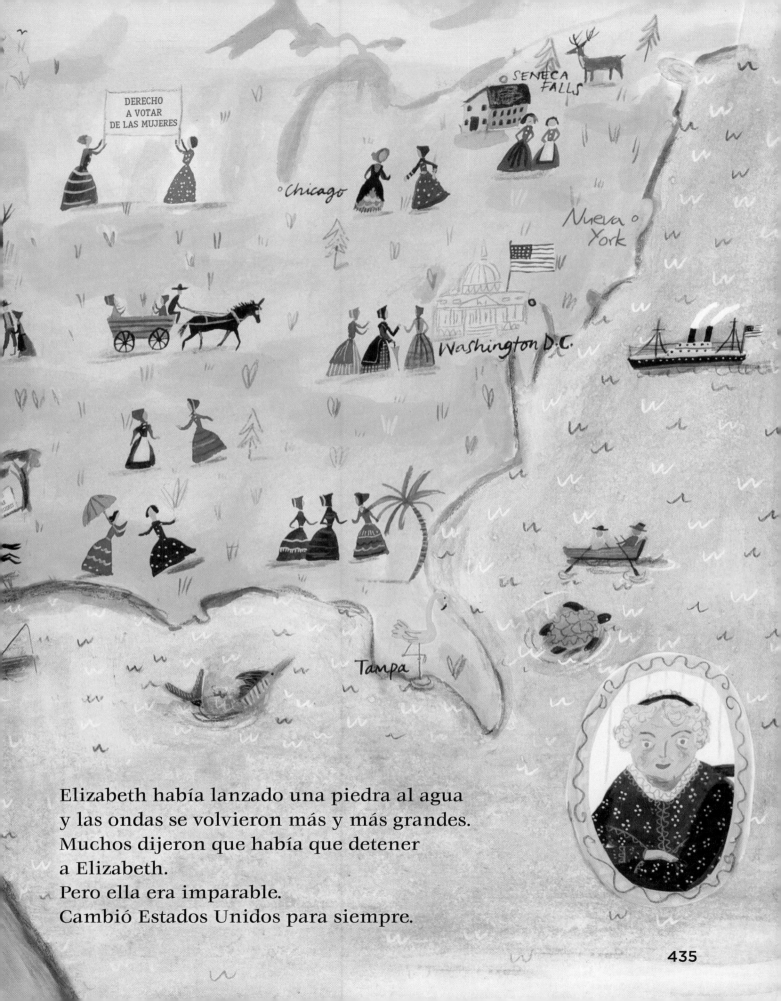

Elizabeth había lanzado una piedra al agua
y las ondas se volvieron más y más grandes.
Muchos dijeron que había que detener
a Elizabeth.
Pero ella era imparable.
Cambió Estados Unidos para siempre.

435

Conozcamos a la autora y a la ilustradora

A **Tanya Lee Stone** le gusta escribir libros para niños. En la universidad enseñó a otras personas a escribir cuentos para niños, y esto le permitió crecer como escritora. Tanya ha viajado por el mundo, desde Rusia hasta Australia y ha escrito más de noventa libros para jóvenes. En especial, le gusta escribir historias sobre mujeres y niñas de carácter fuerte.

A **Rebecca Gibbon** le encantaban los libros con ilustraciones cuando era niña y soñaba con ilustrar libros algún día. Ha ilustrado muchos libros. Uno de ellos es *Players in Pigtails*, una historia real sobre una liga de béisbol para niñas. Hoy, vive en Londres, Inglaterra.

Propósito de la autora

¿Por qué piensas que la autora escribió un libro sobre la vida de Elizabeth Cady Stanton?

(l) Ambient Photography (r) Johnny Mendelson

Respuesta a la lectura

Resumir

Comenta los sucesos importantes en la vida de Elizabeth Cady Stanton. Escribe los detalles en la tabla para organizar tus ideas y descubrir el punto de vista.

Detalles
↓

Punto de vista

Evidencia en el texto

1. ¿Cómo sabes que *Elizabeth y el derecho al voto* es una biografía? **GÉNERO**

2. ¿Qué piensa la autora acerca de las ideas de Elizabeth Cady Stanton? ¿Estás de acuerdo? **PUNTO DE VISTA DE LA AUTORA**

3. ¿Cómo te ayudan el prefijo *im-* y el sufijo *-able* a descubrir el significado de *imparable*? **PREFIJOS Y SUFIJOS**

4. ¿Cuál es la opinión de la autora? Escribe detalles que apoyen su punto de vista. **ESCRIBIR SOBRE LA LECTURA**

 Haz conexiones

¿Por qué Elizabeth Cady Stanton fue una buena ciudadana? **PREGUNTA ESENCIAL**

¿En qué cambió la vida en Estados Unidos con la lucha de Elizabeth por los derechos de las mujeres? **EL TEXTO Y EL MUNDO**

Compara los textos

Lee sobre cómo una persona mejoró la vida de las mujeres en Estados Unidos.

Susan B. Anthony
★ ¡en acción! ★

Susan Brownell Anthony nació en Massachusetts en 1820. La familia de Susan creía en la igualdad de todas las personas. En esa época, la idea de igualdad era muy poco común. Los hombres y las mujeres no tenían los mismos derechos. Las mujeres no podían hacer muchas de las cosas que los hombres hacían. No podían votar ni poseer propiedades. La vida era diferente para Susan por ser mujer. Sin embargo, aprendió a leer y escribir cuando tenía tres años.

The Granger Collection, NYC

Las primeras luchas

Cuando Susan iba a la escuela, vio que los niños y las niñas no recibían el mismo trato. Una de las maestras se negó a enseñar la división larga a Susan. Dijo que las niñas no tenían ningún motivo para saber matemáticas. Como consecuencia, la familia de Susan la sacó de la escuela y la educó en su casa.

A la familia de Susan le importaba mucho la igualdad y la **ciudadanía**. Además, estaban en contra de la esclavitud. A los veintiséis años, Susan ya era maestra de escuela y luchaba por los derechos de los estudiantes. Quería que los niños y las niñas pudieran aprender juntos. También quería que los hijos de los exesclavos pudieran aprender en esos mismos salones de clase.

En 1978, la Casa de la Moneda de EE. UU. emitió una moneda de un dólar en honor a Susan B. Anthony.

Una amiga en la lucha

Cuando tenía veintiocho años, Susan se enteró de un encuentro en el que se hablaría de cómo las mujeres podrían obtener el derecho al voto. Estaba muy emocionada por la idea. Fue con su familia a Seneca Falls, Nueva York, para escuchar el discurso de Elizabeth Cady Stanton sobre el tema. Susan, su hermana y sus padres firmaron papeles para apoyar la idea. Para Susan, esta idea era tan importante que comenzó a trabajar con Elizabeth Cady Stanton. Juntas, comenzaron a escribir un semanario y dieron discursos en todo el país.

En 1848, Elizabeth Cady Stanton habló sobre el derecho al voto de las mujeres en Seneca Falls, Nueva York.

(t) Time & Life Pictures/Getty Images (b) © Bettman/Corbis

¡Las mujeres pueden votar!

Esta línea cronológica muestra las fechas importantes en la vida de Susan B. Anthony y en la lucha por el derecho al voto de las mujeres.

1820	1848	1852	1868
Susan Brownell nació en Adams, Massachusetts.	Asistió a la conferencia de Seneca Falls.	Comenzó a trabajar con Elizabeth Cady Stanton.	Comenzó a trabajar en un semanario.

¡Las mujeres obtienen el derecho al voto!

Susan dio al menos cien discursos en todo el país cada año durante cuarenta y cinco años. Su trabajo siempre la emocionaba y le daba esperanzas.

No todos estaban de acuerdo con sus ideas. Susan y su amiga Elizabeth Cady Stanton tuvieron que luchar durante muchos años por los derechos de todos. Pero siempre hicieron su trabajo pacíficamente. Catorce años después de la muerte de Susan, las mujeres pudieron votar en Estados Unidos. Esta lucha no hubiera sido exitosa sin Susan B. Anthony.

Susan B. Anthony y Elizabeth Cady Stanton trabajaron mucho defendiendo los derechos de las mujeres en Estados Unidos.

© Bettman/Corbis

1869	1872	1906	1920
Fundó la Asociación Nacional por el Sufragio de la Mujer con Elizabeth Cady Stanton.	Fue arrestada por intentar emitir un voto en una elección.	Murió en Rochester, Nueva York.	Las mujeres obtuvieron el derecho al voto.

¡Tú también sé un buen ciudadano o ciudadana!

Participa en tu comunidad como hizo Susan B. Anthony.

- Ofrece tu tiempo.
- Conoce a tus vecinos.
- Habla con la gente. Escucha sus ideas. Cuéntales tus ideas.
- Trabaja en equipo.
- Ayuda a otras personas.
- ¡Haz de tu comunidad un lindo lugar donde vivir!

Los buenos ciudadanos ayudan a la gente de su comunidad.

 Haz conexiones

¿Con qué acciones Susan B. Anthony demostró que era una buena ciudadana? **PREGUNTA ESENCIAL**

Habla de otros líderes sobre los que hayas leído. ¿Cómo demostraban su buena ciudadanía? **EL TEXTO Y OTROS TEXTOS**

Datacraft Co Ltd/Getty Images

El poder del viento

Este parque eólico en Texas provee electricidad a muchas comunidades

© Ocean/Corbis

Pregunta esencial

¿Qué tipos de energía existen?

Lee sobre cómo se usa el viento como fuente de energía.

¡Conéctate!

Los habitantes del mundo antiguo usaban barcos con velas que captaban la energía eólica.

¿Por qué se usa la energía eólica?

El viento ha sido una **fuente** de **energía** desde la antigüedad. Los marineros fueron los primeros en usar energía eólica. Los vientos fuertes deslizaban los barcos velozmente en el agua. Luego se usó la energía del viento para moler granos o bombear agua. Como consecuencia, se inventaron los molinos de viento. Estas son máquinas que captan el poder del viento.

AHORA COMPRUEBA

Hacer y responder preguntas
¿De qué maneras se usa la energía eólica?

El viento es energía

El viento tiene energía porque es aire en movimiento. Cuando el aire caliente sube, el aire más frío se mueve para ocupar su lugar. Estas acciones hacen que se forme el viento. A medida que asciende, el viento sopla con mayor rapidez. Cuanto más rápidamente sopla el viento, más energía generará. Esta es la energía que hace funcionar los molinos de viento.

Cuando el viento sopla fuerte, hace girar las aspas de los molinos. Las aspas están conectadas a una barra larga. Cuando las aspas giran, hacen girar la barra que a su vez **produce** energía que puede usarse para realizar trabajos.

Montagu Images/Alamy

Cómo funciona una máquina de viento

1 Las aspas atrapan el viento y giran.

2 El generador convierte la energía de las aspas que giran en electricidad.

Este diagrama muestra cómo una máquina de viento convierte la energía eólica en electricidad.

3 El cable transporta la electricidad a la línea de transmisión.

El poder de las turbinas

Hoy en día, las turbinas de viento son la manera más común que existe de convertir el viento en energía. Las turbinas parecen molinos de viento gigantes. Están alineadas en parques eólicos. Estas son tan altas como los rascacielos.

Las turbinas atrapan los vientos más fuertes. El viento hace que las aspas de la turbina giren. Al girar, las aspas producen energía. Esta energía luego se convierte en electricidad. La electricidad fluye a través de los cables y se distribuye desde la turbina hacia los hogares y los pueblos.

Nueva fuente de energía

Gran parte de la energía que usamos viene del carbón, del gas natural y del petróleo. Pero estos **recursos naturales** se están agotando y no se pueden **reemplazar**. Por eso se buscan nuevas fuentes de energía, como el viento. El viento es un recurso **renovable**. Siempre habrá reservas de viento. Además es gratuito, limpio y no produce **contaminación**.

(t) Illustration: National Energy Education Development Project (b) OJPHOTOS/Alamy

Los molinos de viento son viejas versiones, menos potentes que las turbinas actuales.

El viento es más fuerte

Las máquinas de viento son la fuente de energía de mayor crecimiento en Estados Unidos. En 2000, diecisiete estados empezaron a usar energía eólica para generar electricidad. Diez años después son treinta y seis estados.

Rock Port, Missouri, se convirtió en la primera ciudad estadounidense que usa la energía del viento como suministro eléctrico. Las máquinas de viento de la ciudad proveen energía para los 1,300 residentes de Rock Port.

Pero Rock Port no es el único lugar que ahorra dinero en energía. Las escuelas de Nebraska y Vermont usan estas máquinas. Ahorran dinero y generan energía limpia.

Cada año se instalan más máquinas de viento cerca de las comunidades. Hace poco se colocaron 3,000 en un año. Estas máquinas son cinco veces más grandes que las que se fabricaban hace treinta años y producen quince veces más energía. ¡Esto es muy bueno para el planeta! La energía limpia que produce el viento ha llegado para quedarse.

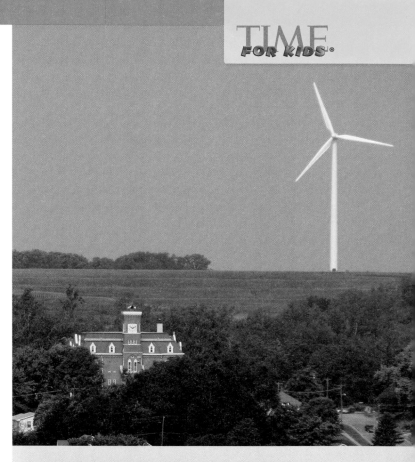

Rock Port, Missouri, obtiene su electricidad de cuatro máquinas de viento como esta.

Respuesta a la lectura

1. Comenta cómo sabes que *El poder del viento* es un texto expositivo. **GÉNERO**

2. ¿Qué hace que un molino de viento produzca energía? Indica los pasos en el orden en el que ocurren. **CAUSA Y EFECTO**

3. Busca el homófono *hacia* en la página 444. ¿Qué significa *hacia* en esta oración? **HOMÓFONOS**

4. ¿Por qué cada vez hay más gente en el mundo que usa energía eólica? **EL TEXTO Y EL MUNDO**

Charlie Riedel/AP Images

445

Compara los textos

Lee y aprende cómo las personas en todo el mundo obtienen energía del sol.

Energía para todos

En muchos países del mundo, los estudiantes solo pueden estudiar de día. Muchos no tienen electricidad. Por este motivo, tienen que hacer la tarea durante el día o usar peligrosas lámparas de aceite o la luz de una vela durante la noche.

Pero en Tsumkwe, un pequeño pueblo en Namibia, África, los aldeanos han tenido mucha suerte. Hasta hace poco, obtenían toda la electricidad de un generador que funcionaba con petróleo y solo producía electricidad durante tres horas por día. El generador tenía muchos problemas y costaba mucho dinero.

Namibia, África

N
O — E
S

Namibia es un país que está en la costa sudoeste de África.

Estos paneles solares producen energía suficiente para el pueblo de Tsumkwe.

juwa

¡Energía alternativa al rescate!

La vida en la aldea de Tsumkwe cambió cuando una compañía de Alemania construyó un sistema de energía solar. Este sistema provee electricidad a 100 hogares. Ahora los aldeanos tienen electricidad todo el día.

Los habitantes de Tsumkwe no son los únicos que luchan por obtener energía. En el mundo hay dos mil millones de personas que no tienen energía eléctrica. Eso significa que los hospitales tienen dificultades para cuidar a los enfermos. Muchas personas dependen de la energía del costoso petróleo. Sin embargo, la vida está mejorando en estos países. Las compañías distribuidoras de energía ahora proveen energía eólica y solar.

Estos tipos de energía son más baratos, seguros y limpios que los combustibles **tradicionales** que producen el carbón y el petróleo. Hoy en día, estas fuentes de **energía** alternativa las usa una minoría en el mundo. Pero cada año aumentan las personas que usan energía solar.

CÓMO AHORRAR ENERGÍA

Estas son maneras de ahorrar energía todos los días. ¡Pruébalas!

1. Apagar las luces.

2. Usar bombillas que ahorran energía.

3. Apagar computadoras, televisores y videojuegos.

4. Usar la luz del sol en lugar de luz eléctrica.

5. Abrir una ventana para que entre el aire fresco.

Haz conexiones

¿Por qué es importante usar distintas fuentes de energía?
PREGUNTA ESENCIAL

¿En qué se parece la energía solar a otro tipo de energía?
EL TEXTO Y OTROS TEXTOS

Erika Cross/Alamy

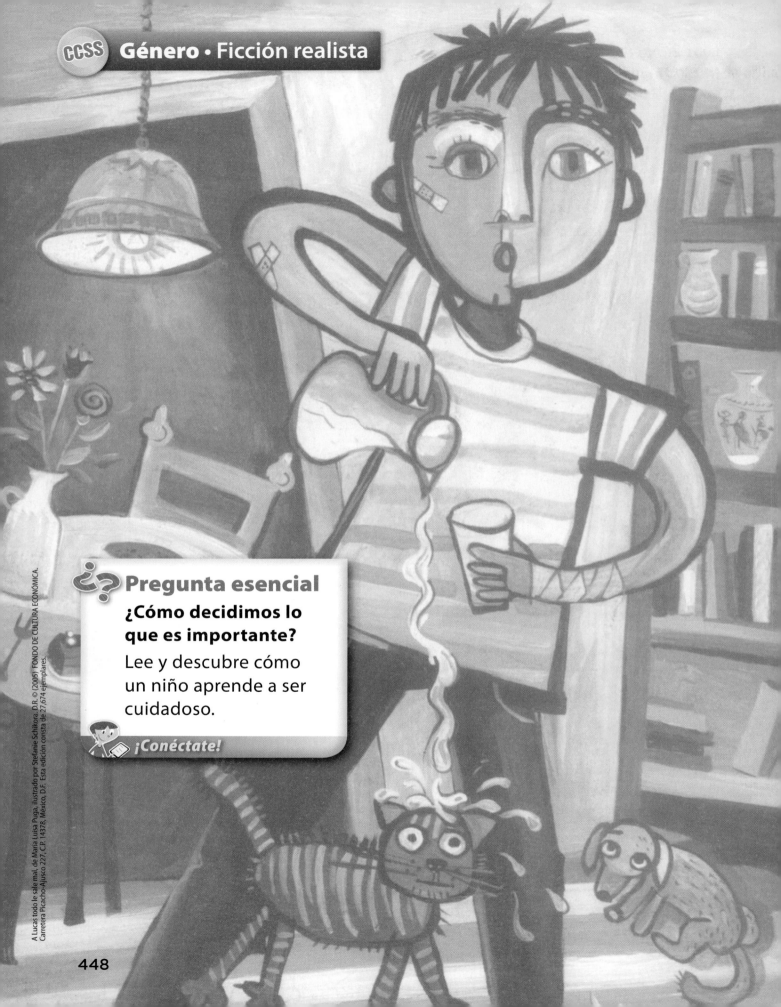

¿? **Pregunta esencial**

¿Cómo decidimos lo que es importante?

Lee y descubre cómo un niño aprende a ser cuidadoso.

¡Conéctate!

A Lucas todo le sale mal, de María Luisa Puga, ilustrado por Stefanie Schlikora, D.R. © (2005) FONDO DE CULTURA ECONÓMICA. Carretera Picacho-Ajusco 227, C.P. 14378, México, D.F. Esta edición consta de 27,674 ejemplares.

A Lucas todo le sale mal

María Luisa Puga
Ilustraciones de **Stefanie Schikora**

¿Quién es Lucas?

Es el hijo de mi vecino. Tiene diez años y quiere ser astronauta. Lo viene diciendo desde los seis. Tal vez porque ve todas las películas del espacio que puede. Lo malo es que a Lucas todo le sale mal, todo. Si se sirve agua, se le cae. Si se compra un chicle, tira el chicle en lugar de la **envoltura**. Cuando juega futbol, en lugar de patear el balón le pega a una piedra.

Pobre Lucas, siempre trae curitas por todos lados, o vendas, o manchas de mertiolate.

Sus papás le dicen: "Mejor no seas astronauta,
m'ijo, porque con tu suerte en lugar de llegar a
la luna vas a llegar al sol y te vas a achicharrar.

Cuando seas grande podrías ser **pianista**, estamos seguros de que con un piano nada te puede salir mal".

Lucas busca un amuleto

No se lo dijo a nadie porque pensó que si lo contaba le iba a salir mal. Su plan era el siguiente: caminar por la banqueta y contar hasta veinte. Detenerse en ese momento y recoger lo primero que viera, lo primero excepto una basura. Seguro que con su suerte eso sería lo primero que encontraría. De manera que eso no, pero lo que halló fue una corcholata. No estaba tan sucia, hasta eso. A lo mejor podría servirle.

La lavó muy bien ¡y no se le fue por la tubería! Buena señal. Después la secó con una toalla, ¡no le hizo ningún agujero! Ahora venía la prueba de fuego: comprar un modelo de nave espacial para armar.

AHORA COMPRUEBA

Hacer predicciones ¿Crees que el amuleto funcionará?

Si no se le rompía ninguna pieza querría decir que
el amuleto funcionaba. Lo armó y nada se rompió.
Pero no solo eso, ya había pasado toda la semana

y no se había tropezado ni una sola vez. Traía la corcholata en la bolsa de la camisa.

Lucas se dedica a probar su amuleto

En la escuela lo primero que hizo fue lo que más miedo le daba: cruzar el patio corriendo. Antes de que tuviera la corcholata, siempre, siempre se caía; esta vez no, y hasta sus compañeros le **aplaudieron**. Lucas les dijo con una gran sonrisa: "Creo que sí voy a ser astronauta, no pianista. Miren mi nave, la armé ayer y no se le ha roto nada. Vamos a probarla". Todos los niños lo rodearon con algo de miedo pues más de una vez las naves de Lucas les habían explotado en la cara. Pero ahora no. La nave **despegó** con **elegancia**, se elevó muy alto y luego comenzó a descender. "¡Háganse para atrás, yo la voy a cachar!", exclamó Lucas. "¡No, Lucas no!". "¡Te va a caer en la cabeza!". "Ya verán que no". Alzó los brazos y la nave aterrizó suavemente en sus manos. Los niños volvieron a aplaudir. "¡Se te acabó la mala suerte, Lucas! ¡Bravo!".

Lucas estuvo a punto de enseñarles la corcholata, pero lo pensó mejor y no dijo nada. Ese día no tuvo un solo accidente.

AHORA COMPRUEBA

Confirmar predicciones ¿Por qué funcionó la corcholata?

457

Descubren el amuleto de Lucas

Lucas comía contentísimo. No se le había caído nada, ni siquiera una cuchara. Sus papás no se habían dado cuenta hasta que lo vieron servir el agua de limón. "¡Ni una gota derramó!", exclamó su padre. "Pero ven acá, m'ijo", lo llamó su mamá. Lucas se acercó y la mamá metió la mano en la bolsa de la camisa: "¿Qué es esto? ¡Una corcholata! ¡Ay, m'ijo!, ¿qué haces con una corcholata vieja?". Se levantó y la tiró en la basura. Lucas estiró la mano para tratar de alcanzarla, pero no dijo nada.

Acabó de comer y se fue a su cuarto. Subió las escaleras con cuidado para no tropezarse. Se fijó muy bien en la alfombra de su cuarto para no pisar al gato. Se recostó en la cama despacito para no pegarse con la **cabecera**. Se quedó dormido.

El sueño revelador

Lucas soñó que estaba durmiendo en su cuarto, pero que se levantaba para ir al baño. Su cara en el espejo redondo le decía: "Lucas, no necesitas un amuleto de la suerte. Solo tienes que poner atención. Y no te preocupes si a veces tienes un accidente, no es mala suerte. A todos nos pasa. Sigue durmiendo y cuando despiertes acuérdate de tu cara en el espejo redondo".

Cuando Lucas despertó, lo primero que hizo fue verse en el espejo del baño. Solo que el de su baño no era redondo, sino cuadrado.

Desde entonces jamás volvió a sentir que tenía mala suerte.

AHORA COMPRUEBA

Resumir Vuelve a contar los sucesos de este cuento en orden.

Conozcamos a
María Luisa y a Stefanie

María Luisa Puga
es una autora nacida en México que viajó y vivió por todo el mundo. Ha escrito novelas, cuentos y ensayos. Como escritora, ha recibido el Premio Nacional Juan Ruiz de Alarcón.

Stefanie Schikora
nació en Alemania, donde estudió Arte y Diseño. Actualmente vive en México, donde da clases, diseña murales y expone sus pinturas. Este es el primer libro infantil que ilustra.

Propósito de la autora
¿Por qué la autora escoge una corcholata como amuleto?

Respuesta a la lectura

Resumir

¿Cuáles son los sucesos más importantes del cuento? Escríbelos en la tabla para hacer un resumen.

Detalle
Detalle
Detalle
Tema

Evidencia en el texto

1. ¿Cómo sabes que *A Lucas todo le sale mal* es ficción realista? **GÉNERO**

2. ¿Qué lección nos deja el cuento? Busca evidencias en el texto. **TEMA**

3. ¿Cuál es la raíz de la palabra *tubería*? ¿Qué otras palabras puedes formar con la misma raíz? **RAÍCES DE PALABRAS**

4. Vuelve a contar lo que soñó Lucas con tus propias palabras. **ESCRIBIR SOBRE LA LECTURA**

Haz conexiones

¿Qué decisión importante tomó Lucas? **PREGUNTA ESENCIAL**

¿Por qué es importante darles valor a las pequeñas cosas en la vida? **EL TEXTO Y EL MUNDO**

Compara los textos

Lee acerca de un hombre que no quería cuidar la naturaleza.

El viento Zonda

Gilanco era un indígena huarpe. Era un gran cazador. Todas las mañanas tomaba su arco y su flecha y se perdía entre los Andes. A Gilanco le gustaba cazar todo tipo de animales, pero sus preferidos eran los guanacos y las liebres. Cada noche regresaba a su pueblo orgulloso por la caza del día.

Jamás un huarpe había sido capaz de cazar tantos animales con tan poco esfuerzo. Sus familiares y vecinos lo admiraban, pero también notaban algo extraño. Los Andes estaban cada vez más silenciosos, cada vez había más quietud entre las montañas. ¿Acaso Gilanco estaba cazando demasiado?

Varias personas hablaron con Gilanco una y otra vez. Querían que cazara solo lo necesario para alimentarse y que cuidara a la naturaleza, tan sabia y generosa. Pero Gilanco no los escuchaba.

Lo que sí hacía Gilanco era mostrar cada vez más su orgullo. Decía que el único problema era que él cazaba para divertirse y era muy bueno en su labor. Decía que quienes querían que cazara menos animales sentían envidia de su talento. De nada servía que le demostraran que cada vez era más difícil encontrar animales para disfrutar de la naturaleza, para ayudar en la agricultura, para alimentar a los pobladores. De nada servía que le demostraran que cazar animales no era un juego, que solo había que cazar por necesidad.

Entonces, un día, llegó el hada de las montañas. Ella aparecía solo cuando ocurrían desastres que afectaban la naturaleza del lugar. Es una mujer sabia, generosa, llena de experiencia y de bondad.

El hada de las montañas se acercó a Gilanco, que estaba buscando liebres en un valle.

—Detente, Gilanco. Estás obrando mal —le dijo.

Pero Gilanco simplemente la miró, le dio la espalda, y siguió con su cacería.

—Ya es suficiente, Gilanco —le dijo—. Los Andes ya no serán los mismos si continúas cazando tantos animales. Debes respetar la **riqueza** de la tierra, del aire, del agua y del fuego.

Pero Gilanco no solo siguió cazando, también se alejó y la desafió disparando una flecha hacia el cielo.

Muy preocupada, el hada supo que debía detenerlo de inmediato. Pero no debía lastimar a nadie, no debía afectar ni a las plantas ni a los animales. Entonces, lo envolvió en un viento intenso, cálido y seco. El hada de las montañas sabía que ese viento debía durar muy poco, porque si se extendía, las plantas se secarían y los animales se sentirían muy mal.

Al sentir el viento sobre su cuerpo, Gilanco sintió como si el sol estuviera rodeándolo, y se detuvo. Así nació el viento Zonda.

Cuando supo que Gilanco regresaba a su pueblo, el hada vio que los **tesoros** de los Andes estaban a salvo. Los animales podrían vivir en paz, las plantas podrían crecer en plenitud. El hada quedó satisfecha. Pero sabía que debía seguir vigilando el comportamiento de Gilanco.

Cada tanto, Gilanco olvida la lección y regresa a los Andes para cazar guanacos y liebres. El hada está atenta. Cuando ve que Gilanco está cazando más de lo necesario para comer, se acerca y le dice:

—Ya es suficiente, Gilanco. Regresa a tu pueblo.

Casi siempre, Gilanco se detiene y regresa a su pueblo. Pero algunas veces sigue cazando a los animales.

Cada vez que el viento Zonda llega a los Andes, el hada de las montañas está dándole una lección a Gilanco para defender a los animales y a las plantas. Así logra que los Andes sigan siendo un lugar bello y próspero.

¿? Haz conexiones

¿Qué valora Gilanco al comienzo del cuento?
PREGUNTA ESENCIAL

¿Qué otros cuentos has leído que te hayan hecho reflexionar sobre lo que es importante?
EL TEXTO Y OTROS TEXTOS

El arca de Nora

Natalie Kinsey-Warnock
Ilustraciones de Emily Arnold McCully

?¿? **Pregunta esencial**

¿Cómo nos afecta el tiempo?

Lee acerca de una familia que vive en
una granja y sobrevive a una tormenta
y a una terrible inundación.

¡Conéctate!

Cuando nací, mi abuela me contó que era tan pequeñita que parecía un pichón. Por eso me llamo Wren, que es el nombre de un pájaro en inglés. Mi abuela es pequeña también, pero está hecha de granito, y dice que yo soy tan fuerte como ella. Es una suerte. De no ser así, nunca habríamos sobrevivido a la inundación de 1927.

Mis abuelos vivían en Vermont, en una pequeña granja junto a un río. No tenían mucho dinero, pero siempre había de todo para comer: leche de las vacas del abuelo, verduras de la huerta de la abuela, manzanas y ciruelas de los árboles frutales y el jarabe de arce que preparaban en primavera.

Text Copyright © 2005 by Natalie Kinsey-Warnock. Used by permission of HarperCollins Publishers.

Mi abuelo estaba construyendo una casa nueva sobre una colina. Cuando estuviera terminada, tendría electricidad, un lavarropas de rodillo y, lo mejor de todo, un baño en el interior.

—No necesito una casa nueva, Horace —decía la abuela—. Hemos vivido aquí durante cuarenta años, hemos criado ocho hijos y hemos sido muy felices con nuestra familia. Esa casa nueva no es más que una frivolidad.

—¿Qué quieres decir? —le pregunté.

La abuela pensó que podría explicármelo.

—Wren, a ti te gustan las papas ¿verdad?

—Sí, abuela —le contesté.

Mi abuela hacía el mejor puré de papas del mundo, con mucha leche, mantequilla y pimienta. Con sus papas se podía hacer una comida completa.

—¿Quieres salsa?

—Sí, claro.

Mi abuela hacía una salsa muy rica. Pero sus papas también eran sabrosas sin salsa.

—Exacto —dijo mi abuela—. La salsa es rica, pero no es necesaria, y yo no necesito esa casa nueva. Me gusta vivir aquí.

Pero el abuelo no dejó de trabajar en la construcción.

Cuando el 2 de noviembre de 1927 comenzó a llover, ninguno de los que vivía cerca del río se imaginó que caerían nueve pulgadas de lluvia en dos días. La vida en Vermont estaba a punto de cambiar para siempre.

Llovía torrencialmente. El agua hacía tanto ruido al caer sobre el techo que no podíamos hablar. La abuela estuvo toda la mañana horneando pan. Al mediodía, ya tenía listas veintisiete hogazas.

—Abuela, ¿por qué hiciste tanto pan? —le pregunté a los gritos.

Mi abuela miró la cortina de lluvia por la ventana.

—Tal vez lo necesitemos —contestó. Yo no podía imaginarme cómo haríamos para comer tantas hogazas de pan.

Cuando llegó mi abuelo a almorzar, escurrió un cuarto de galón de agua de cada bota.

—Nunca había visto el río crecer tan rápido —dijo mi abuelo—. Creo que será mejor que nos vayamos a la casa nueva.

Esta vez no **discutieron**. Cuando mi abuela terminó de empacar, el agua había llegado hasta el porche.

Mi abuelo hizo salir del establo a todos los animales.

—¿Qué pasará con ellos? —le pregunté.

—Se irán a un terreno más alto y estarán bien —me contestó—. No te preocupes, Wren.
Pero yo me di cuenta de que era él quien estaba preocupado.

Cargué todas las hogazas de pan en mi viejo carrito, lo tapé con hule y lo empujé hasta la casa nueva.

—Me parece que construí esta casa justo a tiempo —dijo mi abuelo.

—Si fuera menos lista, creería que fuiste tú quien causó la inundación solo para hacerme mudar a la casa nueva —dijo mi abuela. De todas maneras parecía contenta de estar en un terreno más alto.

Apenas habíamos puesto un pie dentro de la casa cuando sentimos que golpeaban la puerta.

Los tres muchachos Guthrie estaban en el porche, con una bolsa de arpillera en cada mano. Las bolsas se retorcían y reñían.

—Tenemos el gallinero inundado. ¿Podemos dejar las gallinas aquí?

Vaciaron las bolsas y dejaron las gallinas en la cocina.

—Algunos de nuestros novillos están **varados** en el campo —dijo uno de los muchachos—. Vamos a ver si podemos llevarlos a una zona más alta.

—Iré con ustedes —dijo mi abuelo.

—¿Puedo ir yo también? —pregunté.

—¡No! —exclamaron mis abuelos al unísono.

—Ten cuidado —le aconsejó mi abuela, y él y los muchachos desaparecieron en medio de la lluvia.

Hasta con todas esas gallinas, la casa parecía vacía
sin el abuelo.

Mi abuela me vio temblando y me arropó con una manta.

—Está haciendo más frío. Ojalá tuviera mi estufa aquí —dijo
mi abuela, mientras mirábamos cómo llovía.

—Me gustaría que volviera el abuelo —dije.

—A mí también —dijo mi abuela.

Las dos gritamos cuando vimos una cabeza enorme en la
ventana. Era Major, uno de los caballos de los Ferguson.

Quedé aún más **estupefacta** cuando vi a mi abuela
abrir la puerta y dejarlo entrar.

—¿Vas a dejar entrar a Major en la casa?

—No tenemos estufa —dijo mi abuela—. Es grande.
Servirá para calentar un poco la casa.

Major ocupaba la mitad de la cocina. La otra mitad estaba llena de hogazas de pan y gallinas.

Teníamos gallinas en los armarios, en los estantes y en el carrito de bebé, hasta gallinas posadas en el lomo de Major.

Luego llegó la señora Lafleur y su hija, Madeleine. La señora Lafleur no hablaba mucho inglés.

—El agua se llevó nuestra casa —dijo la Sra. Lafleur—. Llegamos aquí en bote.

Madeleine echó un vistazo a la cocina y abrió grandes los ojos.

—Des poulets dans le chariot de bébe? —dijo—. Y yo adiviné que nunca antes había visto gallinas en un carrito de bebé.

Al anochecer, la casa estaba repleta. Además de la señora Lafleur y Madeleine, habían venido el señor y la señora Guthrie, los Ferguson y la familia Craig. Eramos veintitrés personas en total. También había tres caballos, una vaca, cinco cerdos, un pato, cuatro gatos y cien gallinas.

El río siguió creciendo hasta que la casa se
convirtió en una isla y veíamos cómo el agua
arrastraba las casas de nuestros vecinos.

477

El señor y la señora Guthrie habían traído un trozo de tocino, pero no teníamos cómo cocinarlo. Los Ferguson habían rescatado su radio, una sartén, una bolsa de manzanas deshidratadas y un gato con tres patas. Se pusieron muy contentos al encontrar a Major sano y salvo en la cocina.

Los Craig habían perdido todo, salvo la ropa que llevaban puesta.

—Estamos felices porque logramos salir todos con vida —dijo la señora Craig, lo que nos recordó a mi abuela y a mí que mi abuelo no había regresado todavía.

Cenamos pan con manzanas deshidratadas y agua de lluvia que sacamos con Madeleine del bote de la señora Lafleur. El agua tenía algunas escamas de peces, pero nadie **se quejó**.

Ante la falta de estufas y camas, nos acurrucamos todos juntos para no tener frío y compartimos las mantas de mi abuela lo mejor que pudimos. Cantamos canciones escocesas y "Rema, rema, rema tu bote" en una ronda, y la señora Lafleur nos enseñó "À la Claire Fontaine", una canción que nos hizo llorar aunque no entendíamos la letra. La señora Guthrie nos contó cómo había luchado su abuelo en la batalla de Gettysburg y el señor Craig nos hizo reír con anécdotas de su niñez en un campamento forestal de Maine. Si no hubiera estado preocupada por mi abuelo que estaba fuera, casi habría parecido una fiesta.

AHORA COMPRUEBA

Hacer predicciones ¿Qué crees que sucederá con el abuelo?

Sabía que mi abuela estaba preocupada por mi abuelo. Yo también estaba preocupada. A esas alturas, ya debería haber regresado.

Quería pedirle a Peter Ferguson que me acompañara a buscarlo, pero sabía que si mi abuela me escuchaba me **prohibiría** salir. Entonces, cuando empezó a aclarar, salí sin que me vieran y corrí hacia el bote.

Mi abuela se estaba subiendo al bote.

—¿Qué estás haciendo aquí? —preguntó.

—Lo mismo que tú, me parece. Voy a buscar al abuelo.

—Es muy peligroso —dijo mi abuela—. Regresa a la casa. —Pero yo dije que no con la cabeza.

Mi abuela me echó una mirada severa.

—Está bien —me dijo—. Iremos juntas a buscarlo.

Fui empujando el bote a través del agua llena de muebles, árboles y animales muertos. Mi abuela tenía que tener cuidado al remar. Seguía lloviendo tan fuerte que yo tenía que ir quitando el agua del bote.

Todo había cambiado. Los campos se habían convertido en lagos. Solo se veían los techos por encima del agua.

En uno de esos techos vimos a un perro.

—Oh, creo que esa es la perra de Sam Burroughs —dijo mi abuela y remó hasta la casa. La perra comenzó a ladrar cuando vio que nos acercábamos.

Me aferré al techo para mantener el bote quieto.

—Vamos, pequeña —le dije y la perra dio un salto hacia el bote. Se ubicó a mi lado, aullando y lamiéndome la cara.

Todavía nos faltaba ver la imagen más extraña. Dimos una curva del río y entrecerré los ojos. No podía creer lo que veía. Luego oí la voz de mi abuela detrás de mí.

—Wren, ¿mis ojos viejos me están fallando o hay una vaca en un árbol? —me preguntó.

Efectivamente. Había una Ayrshire roja y blanca atascada entre dos ramas, mugiendo fuerte y lastimeramente. En las ramas más altas había un hombre que gritaba casi tan fuerte como la vaca.

—Creo que hemos encontrado a tu abuelo —dijo mi abuela, con una expresión de **alivio** inundándole la cara.

—Estaba volviendo a casa y me arrastró el agua —contó mi abuelo—. Pensé que era hombre muerto, pero me encontré con esta vaca flotando y me agarré de su cola. Me mantuve a flote hasta que quedó atrapada en este árbol.

Empujamos y jalamos la vaca, pero estaba muy atascada y al final tuvimos que dejarla. Mi abuelo prometió que volvería para tratar de liberarla, pero se puso a llorar cuando nos fuimos.

AHORA COMPRUEBA

Confirmar predicciones
¿Qué le ocurrió al abuelo?
¿Tu predicción era correcta?

483

—¡Santo cielo! —dijo mi abuela—. Tanto alboroto por una vaca.

Pero mi abuelo no lloraba solo por una vaca.

—Todas las vacas se ahogaron, Nora —dijo mi abuelo—. La casa, el establo, los caballos, hemos perdido todo.

Mi abuela le secó las lágrimas de las mejillas.

—Estás a salvo, eso es lo único que importa —dijo ella.

—Tendremos que empezar de cero —dijo mi abuelo y mi abuela sonrió.

—Podemos hacerlo —dijo mi abuela.

Mi abuelo también sonrió. Y entonces supe que, sin importar lo que sucediera, todo marcharía sobre ruedas.

Los Craig, los Ferguson, los Guthrie y los Lafleur se pusieron contentos al vernos. Madeleine me dio hasta un abrazo.

—Madeleine temía que te hubieses ahogado —me dijo Peter. Se sonrojó y añadió: —Yo también.

Cuando mi abuelo vio a todos los animales en la cocina, soltó una carcajada.

—Nora, yo creía que te estaba construyendo una casa, pero ahora veo que en realidad era un arca.

El agua tardó tres días en bajar lo suficiente como para
que nuestros vecinos pudieran salir y ver lo que había
quedado de sus granjas.

Mi abuelo abrazó a mi abuela.

—Terminaré esta casa como más te guste, Nora —dijo
mi abuelo y movió la cabeza preocupado cuando los
Ferguson hicieron salir a Major—. Lo que no sé es si algún
día lograré quitar las huellas que dejó el caballo en el piso.

Hace más de cuarenta años que vivo en la casa de mis abuelos, y esas huellas siguen en el piso. Nunca las he querido quitar porque me recuerdan lo más importante: la familia, los amigos y los vecinos que ayudan a los vecinos.

Como dijo mi abuela, todo lo demás es frivolidad.

AHORA COMPRUEBA

Resumir ¿Qué sucedió después de que Wren y su abuela rescataron al abuelo? Cuenta los sucesos en el orden en que ocurrieron.

Conozcamos a la autora y a la ilustradora

Natalie Kinsey-Warnock es de Vermont. Su familia ha vivido allí desde hace casi doscientos años. Para escribir, cuentos como "El arca de Nora", Natalie se inspira en anécdotas familiares. La autora dice que todas las familias tienen historias que son demasiado interesantes como para que queden en el olvido. "Estos relatos tienen que transmitirse a la siguiente generación", dice. Natalie ha escrito más de veinte libros para jóvenes. La mayoría trata sobre la vida en Vermont.

Emily Arnold McCully se convirtió en artista gracias a su familia. Comenzó a dibujar de pequeña. Su madre la animaba a practicar, de modo que Emily dibujaba todo lo que veía. Nunca dejó de crear obras de arte. Ha ilustrado más de cien libros para niños. Su deseo es estimular la imaginación de las personas a través de sus libros.

(l) Emily Kinsey Dearborn (r) Photo compliments of Emily Arnold McCully

Propósito de la autora

¿Por qué crees que la autora escribió un cuento sobre una inundación en Vermont que ocurrió hace mucho tiempo?

Respuesta a la lectura

Resumir

¿De qué manera afectó el tiempo a Wren y sus abuelos? Escribe los detalles en la tabla para resumir los sucesos del cuento.

Detalle
↓
Detalle
↓
Detalle
↓
Tema

Evidencia en el texto

1. Explica por qué *El arca de Nora* es un texto de ficción histórica. **GÉNERO**

2. ¿Cuál es el mensaje de la autora en este cuento? **TEMA**

3. En la página 484 Wren dice que supo que "todo marcharía sobre ruedas". ¿Qué quiere decir? **MODISMOS**

4. ¿Cuál es el mensaje que la autora quiere comunicar? ¿Qué detalles usa para que quede claro? **ESCRIBIR SOBRE LA LECTURA**

Haz conexiones

¿Qué hicieron las personas de la comunidad para sobrevivir al mal tiempo y la inundación? **PREGUNTA ESENCIAL**

Explica por qué las personas siempre miran el pronóstico del tiempo. **EL TEXTO Y EL MUNDO**

Compara los textos

Lee sobre cómo el Viento y el Sol compitieron para ver quién era más fuerte.

El viento
y el Sol

basado en una fábula de Esopo

El Viento y el Sol vivían en el cielo. Al igual que la mayoría de los vecinos, se llevaban bien casi todo el tiempo. Sin embargo, a veces discutían sobre quién era el más fuerte.

—¡Yo soy más fuerte que tú! —alardeó el Viento un día—. Puedo derribar árboles y aplastar casas. En un día soleado puedo arruinar las **condiciones** climáticas con un soplo para que haya nubes y lluvia.

El Sol sonrió y dijo:

—¡No! Yo soy más fuerte. Doy la luz del día y mis rayos mantienen calientes a las personas.

—Hagamos una competencia para determinar quién es más fuerte —sopló con fuerza el Viento—. ¿Ves ese agricultor que está en su campo? Cada uno intentará hacer que se quite el abrigo. El que lo consiga, será el ganador.

Renata Gallio

—De acuerdo, tú empiezas —aceptó el Sol.

El Viento respiró bien profundo y sopló y sopló. Intentó volar el abrigo con todas sus fuerzas, pero el agricultor solo se lo cerraba más.

—¡Brrr! Qué extraño —dijo el agricultor—. El **pronóstico** meteorológico de la radio no predijo un viento helado para hoy.

Al poco tiempo, el Viento se cansó y dejó de rugir.

—Ahora es tu turno, Sol —dijo jadeando.

El Sol asintió y sonrió. Envió sus rayos más cálidos.

El agricultor comenzó a sudar mientras trabajaba en el campo.

—Ah, definitivamente el día se puso caluroso y soleado —suspiró aliviado mientras se quitaba el abrigo.

Y así el Sol ganó la competencia.

Moraleja: La inteligencia es más efectiva que la fuerza.

Haz conexiones

¿Por qué el Sol es más fuerte que el Viento? PREGUNTA ESENCIAL

Compara este cuento con otros cuentos sobre el tiempo. EL TEXTO Y OTROS TEXTOS

Text copyright ©2008 Georgina Lázaro. Illustrations copyright ©2008 Bruno González Preza. Reproduced with permission of Lectorum Publications, Inc.

JUANA INÉS

Georgina Lázaro
Ilustraciones de Bruno González Preza

? Pregunta esencial

¿Cómo conseguimos lo que anhelamos?

Lee la historia de una niña que lo que
más quería en la vida era aprender.

¡Conéctate!

ACOLMAN

OTUMBA

TEXCOCO

N

PANOAYAN

AMECAMECA

TLALMANALCO

TEPETLIXPA

OZUMBA

NEPANTLA

CHALCO

XOC

Juana Inés se llamaba
aquella niña
que siendo como otras
era distinta.

Vivió hace mucho tiempo,
siglos atrás.
Todo era diferente
al mundo actual.

México se llamaba
la Nueva España.
Juana nació en Nepantla,
entre montañas.

Un nevado volcán
la cobijaba,
y más cerca los llanos,
la verde caña.

Su padre, un español,
se había ido lejos.
No tuvo su cariño
ni sus consejos.

Su madre, una criolla
ágil y fuerte,
era muy **laboriosa**
e independiente.

Dirigía una hacienda
con **entereza**,
demostrando su **aplomo**
y fortaleza.

Juana Inés era alegre
y juguetona,
a veces pensativa
y soñadora.

495

De alma aventurera
y apasionada;
se entretenía cantando
viejas tonadas.

Gozaba oyendo historias
que las criadas
contaban al final
de la jornada,

y leyendas antiguas
que algunos viejos
narraban recordando
como de lejos.

Un día en que sus hermanas,
María y Josefa,
aprendían a leer,
se acercó a ellas.

Y tuvo una ocurrencia,
(¡qué travesura!)
le dijo a la maestra
con gran dulzura:

"Doña Isabel, mi madre,
desea que usted
también me dé lecciones.
Quiero aprender".

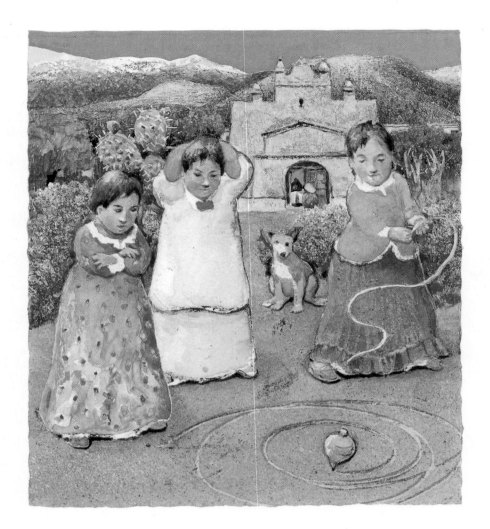

Solo tenía tres años
y con presteza
ya leía y escribía
con gran destreza.

Entonces su pasión
fue la lectura,
además de la música
y la pintura.

Le gustaba mirarse
en el espejo
pensando en el misterio
de aquel reflejo.

Es que era tan curiosa
la niña aquella.
"¿De dónde sale el polvo?
¿Y las estrellas?

¿Por qué será que el trompo
da tantas vueltas?
¿Adónde van los sueños
cuando despiertas?"

AHORA COMPRUEBA

Volver a leer ¿Por qué a Inés no le enseñan a leer como a sus hermanas? ¿Qué hace para conseguirlo?

498

Fue un día la familia
a vivir junto
al abuelo materno,
hombre muy **culto**.

Tenía una biblioteca
que Juana Inés
exploraba leyendo
con avidez.

Se convirtió en refugio,
sueño, tesoro.
Allí pasó la niña
tiempos de oro

leyendo sobre historia,
mitología,
matemática, ciencia,
y astronomía.

Eran tantas sus ansias
por aprender
que a veces se olvidaba
hasta de comer.

Y se cortaba el pelo
varias pulgadas
si al decir la lección
se equivocaba.

Decía que no era justo
vestir cabeza
tan desnuda de datos
y de agudeza.

A la universidad
quiso ir un día.
Tal vez como seis años
solo tenía.

Y como en aquel tiempo,
por ser mujer,
no podía ese deseo
satisfacer,

pidió que como hombre
la disfrazaran
y a ese centro de estudios
la trasladaran.

Algún tiempo después
murió su abuelo.
Ella se sintió sola
y sin consuelo.

Su mamá la mandó
donde su tía.
Vivía en la capital
doña María.

Los libros le ofrecieron
paz y refugio.
En medio del bullicio
siguió el estudio.

Allí aprendió latín
y en pocos días
ya leía tratados
de teología.

Su saber le ganó
mucho prestigio,
y la consideraron
niña prodigio.

Todos la **distinguían**
por su belleza,
su cultura, su trato
y su entereza.

AHORA COMPRUEBA

Volver a leer ¿Por qué la niña se quiere vestir de hombre? ¿Por qué se corta el pelo?

Fue para aquellos años
cuando llegó
hasta la capital
doña Leonor.

Y la nueva virreina,
al conocerla,
la admitió a su servicio;
preciada perla.

Por mutua admiración
fueron amigas.
La virreina, una madre;
Juana, una hija.

La vida de la corte:
bailes y fiestas,
ceremonias, festejos,
lujos, riquezas.

504

Ella en ese esplendor
brillaba más,
por su vasta cultura
y genialidad.

Algún tiempo después
quiso volver
al mundo de los libros
y del saber.

Abandonó la corte
y entró a un convento,
espacio sosegado
y de aislamiento.

Comenzó a escribir versos
con maestría;
villancicos, canciones
y seguidillas.

Su celda fue su estudio,
su biblioteca,
un lugar de **tertulias**,
del saber, meca.

Y continuó leyendo
y escribiendo.
Allí fueron los libros
mudos maestros,

y su palabra escrita
mudo mensaje
que hasta hoy ilumina
nuestro lenguaje.

"Óyeme sordo
que me quejo muda",
escribía expresando
su fe y su duda.

"Óyeme con los ojos",
así decía
esta autora de cartas
y poesías.

Una de nuestras más
grandes poetas
que de su celda al mundo
abrió una puerta.

Su obra sigue vigente
pasado el tiempo.
Nos brindó el universo
desde el convento.

Y así la recordamos
siglos después,
como en el monasterio:
Sor Juana Inés.

Juana Inés de la Cruz,
monja poeta,
del saber defensora,
mujer profeta.

AHORA COMPRUEBA

Resumir Vuelve a contar los sucesos más
importantes de la vida de Inés en orden.

Georgina y Bruno nos cuentan

Georgina Lázaro amaba las historias desde pequeña y quiere que los niños también las amen. Estudió Ciencias y Educación en Puerto Rico, donde trabajó como maestra. Empezó a escribir cuentos para sus hijos y hoy es una gran escritora, con muchos libros publicados.

Bruno González Preza nació en Atolonga, estudió Artes Plásticas y fue ilustrador por más de 30 años. Se dedicó a ilustrar libros de texto y cuentos para niños. Además, ha expuesto sus trabajos en muestras nacionales e internacionales y ha ganado varios premios.

Propósito de la autora

La autora escribió la biografía de Sor Juana Inés en verso. ¿Cuál crees que fue el propósito de la autora al usar el verso para contarnos la infancia de Juana Inés?

508

Respuesta a la lectura

Resumir

Resume los sucesos más importantes de *Juana Inés*. Escribe los problemas y las soluciones en esta tabla.

Problema
Solución

Evidencia en el texto

1. ¿Cómo sabes que *Juana Inés* es una biografía? **GÉNERO**

2. ¿Qué problema se le presenta a Juana Inés en la página 501? ¿Cómo lo soluciona? **PROBLEMA Y SOLUCIÓN**

3. Encuentra las palabras *materno y astronomía* en la página 499. ¿Puedes usar lo que sabes sobre raíces latinas y griegas para descubrir sus significados? **RAÍCES LATINAS Y GRIEGAS**

4. ¿Cómo era Juana Inés de pequeñita? Descríbela con tus palabras. **ESCRIBIR SOBRE LA LECTURA**

Haz conexiones

¿Qué anhelaba Juana Inés? **PREGUNTA ESENCIAL**

¿Por qué es importante tener metas? **EL TEXTO Y EL MUNDO**

Compara los textos

Lee acerca de una niña que tenía una meta.

Viaje a la ciudad lunar

—Prepárense para el alunizaje —anunció la comandante Buckley.

—¡Estupendo! —susurró María, aferrada a su perro robot. Ya se podía ver la superficie gris y polvorienta de la Luna por la ventana.

Viajar allí había sido la **meta** y el sueño de María desde los cinco años. Esto la había **motivado** a participar en un proyecto de ciencias para el Concurso Espacial Nacional. Había inventado a Robi, un perro robot. María y Robi ganaron el primer premio: un viaje a la Ciudad Lunar, el primer asentamiento en la Luna.

Ahora estaban por llegar a la Luna y Robi estaba inquieto.

—¡Tranquilo! —lo regañaba María. A veces, Robi se comportaba como un perro de verdad. María tenía que ajustar el Programa de Perfil de Personalidad para que estuviera más tranquilo.

De pronto, se oyó un estruendo. La nave se detuvo con una sacudida y rodó de costado. Las luces de la nave se atenuaron y se encendieron las luces de emergencia.

Colin Mier

510

—¡La nave se ha apagado! —la comandante Buckley gritó—. Estamos atascados.

—¡Oh, no! —gritó María.

—¡Guau! —ladró Robi, cada vez más inquieto en los brazos de María.

—¡Sujétense! —dijo la comandante Buckley. Presionó los botones y tocó la pantalla de control mientras intentaba comunicarse con la estación de alunizaje. Nada funcionaba.

—¡Este control está roto! —exclamó la comandante Buckley—. No podemos avanzar. Intentó poner el control en la posición correcta para el alunizaje, pero no había manera de moverlo.

Entonces Robi se escabulló de los brazos de María y atravesó la nave dando brincos. Saltó sobre el control apoyando las cuatro patas y gruñendo ferozmente. Robi jalaba y jalaba.

—¡Detente! —gritó María.

De repente, el control volvió a su posición, las luces se encendieron y la nave salió disparada hacia delante.

—Robi, ¡lo lograste! —se rio la comandante Buckley—. ¡Qué buen perrito! —exclamó y le alcanzó a María su mascota—. Ahora podemos alunizar.

María sonrió orgullosa. ¡Robi era el mejor perro robot del mundo!

Haz conexiones

¿Cuál era la meta de María? ¿Qué hizo para alcanzarla? **PREGUNTA ESENCIAL**

¿Haz leído sobre otras personas que tenían metas? ¿En qué se parecen a la de María? **EL TEXTO Y OTROS TEXTOS**

Lagartos y cocodrilos

Pregunta esencial

¿Cómo conocer mejor a los animales para respetarlos?

Lee acerca de dos reptiles fabulosos y por qué debemos respetarlos.

 ¡Conéctate!

Gail Gibbons

Copyright © 2011 by Gail Gibbons. All rights reserved. Used by permission of Holiday House.

Hay algo que se desliza por el agua muy despacio, tanto es así que no produce olas. Es algo que se esconde muy bien y que parece un tronco rugoso a la deriva. Dos ojos y un hocico se asoman por el agua. Es un lagarto o es un cocodrilo.

LAGARTO

COCODRILO

Los reptiles son animales de sangre fría. Para sobrevivir, deben evitar que la temperatura de su cuerpo sea muy alta o muy baja. Por eso, se desplazan a un lugar más fresco o más cálido.

Los lagartos y los cocodrilos pertenecen a un grupo de reptiles llamado *Crocodilia*. Son los parientes más cercanos de los dinosaurios y los reptiles más grandes del mundo.

Los **PALEONTÓLOGOS** son científicos que analizan cómo era la vida en el pasado. Estudian los fósiles, que son los restos de plantas o animales que vivían hace por lo menos diez mil años.

EXTINTO significa que ya no existe.

Según los paleontólogos, los lagartos, los cocodrilos y los dinosaurios vivían en la Tierra hace unos 230 millones de años. Los dinosaurios se extinguieron hace 65 millones de años, pero los lagartos y los cocodrilos sobrevivieron.

DÓNDE VIVEN LOS LAGARTOS Y LOS COCODRILOS

LAGARTOS

COCODRILOS

AMÉRICA DEL NORTE

OCÉANO ATLÁNTICO

ECUADOR

AMÉRICA DEL SUR

OCÉANO PACÍFICO

EUROPA

ASIA

ÁFRICA

OCÉANO ÍNDICO

AUSTRALIA

El término "cocodrilo" viene de la palabra griega *krokodeilos*, que significa "lagarto". El término "aligátor", que es otro de los modos de llamar al lagarto, proviene de la palabra inglesa *alligator*, que a su vez significa "lagarto" en español.

Existen dos especies diferentes de lagartos y catorce especies de cocodrilos. La única región en la que **habitan** juntos es el extremo sur del estado de Florida y los Cayos de Florida.

DÓNDE VIVEN LAGARTOS Y COCODRILOS AMERICANOS EN ESTADOS UNIDOS

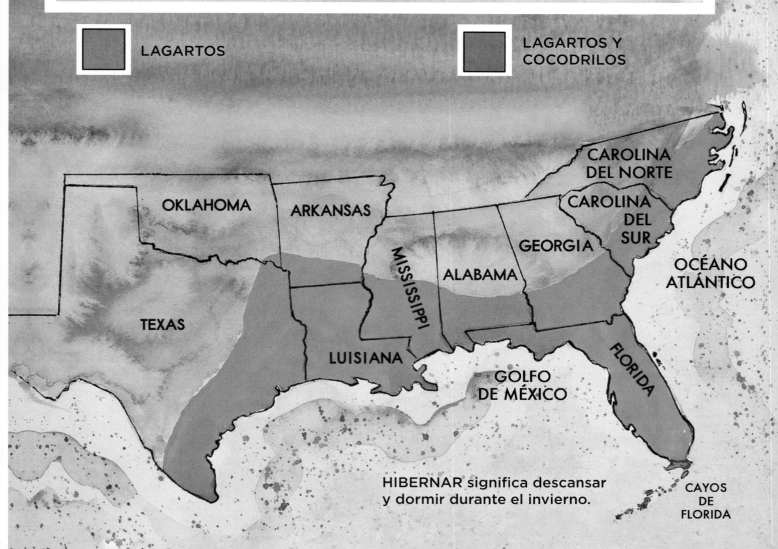

LAGARTOS

LAGARTOS Y COCODRILOS

CAROLINA DEL NORTE

CAROLINA DEL SUR

OKLAHOMA

ARKANSAS

GEORGIA

OCÉANO ATLÁNTICO

MISSISSIPPI

ALABAMA

TEXAS

LUISIANA

FLORIDA

GOLFO DE MÉXICO

HIBERNAR significa descansar y dormir durante el invierno.

CAYOS DE FLORIDA

Los lagartos y los cocodrilos viven en climas donde la temperatura del agua y del aire es cálida todo el año. Algunos lagartos viven en climas más frescos donde deben hibernar si hace mucho frío.

AHORA COMPRUEBA

Volver a leer ¿En qué región viven lagartos y cocodrilos juntos? Vuelve a leer para hallar la respuesta.

DIFERENCIAS ENTRE UN LAGARTO AMERICANO...

HOCICO ANCHO Y REDONDEADO

FOSAS NASALES

CABEZA ANCHA

HOYOS SENSORIALES solo en la cabeza

La CABEZA, el LOMO y la COLA son de color GRIS OSCURO o NEGRO.

PLIEGUES DE LOS OÍDOS

LOMO

PLACAS ÓSEAS GRUESAS, CUBIERTAS DE PIEL

OJO

BOCA

COLA FUERTE Y LARGA

PATA

RODILLA

CUELLO

LENGUA

CUATRO DEDOS UNIDOS POR UNA MEMBRANA EN LAS PATAS TRASERAS

ESTÓMAGO

CINCO DEDOS UNIDOS POR UNA MEMBRANA EN LAS PATAS DELANTERAS

LA BOCA Y LOS DIENTES DE UN LAGARTO AMERICANO

DIENTES

Solo los DIENTES SUPERIORES se pueden ver cuando cierran la mandíbula.

MANDÍBULAS FUERTES

COLA FUERTE Y LARGA

Y UN COCODRILO AMERICANO

LA BOCA Y LOS DIENTES DE UN COCODRILO AMERICANO

DIENTES

Se pueden ver los **DIENTES SUPERIORES Y LOS INFERIORES** cuando cierran la mandíbula.

MANDÍBULAS FUERTES

CABEZA ANGOSTA

HOCICO ANGOSTO Y LARGO

La CABEZA, el LOMO y la COLA son de color CANELA o GRIS VERDOSO.

FOSAS NASALES

PLACAS ÓSEAS GRUESAS, CUBIERTAS DE PIEL

HOYOS SENSORIALES en todo el cuerpo

LOMO

PLIEGUES DE LOS OÍDOS

LENGUA

PATA

RODILLA

CUELLO

OJO

BOCA

CUATRO DEDOS UNIDOS POR UNA MEMBRANA EN LAS PATAS TRASERAS

ESTÓMAGO

CINCO DEDOS UNIDOS POR UNA MEMBRANA EN LAS PATAS DELANTERAS

521

Los animales
CARNÍVOROS
comen carne.

Los lagartos y los cocodrilos tienen aproximadamente sesenta dientes puntiagudos. Cuando se les cae un diente, les crece otro nuevo en su lugar. Pueden salirles unos tres mil dientes nuevos a lo largo de la vida.

Los lagartos y los cocodrilos son carnívoros. Se quedan quietos para atrapar a sus presas. Y cuando un animal se acerca… ¡ZAS! Lo atrapan en menos de un segundo. Nadan muy despacio y sin hacer ruido para acercarse a sus presas **desprevenidas** y atacarlas.

Los animales de sangre fría no comen con
tanta frecuencia como los de sangre caliente.

Los lagartos y los cocodrilos jóvenes se alimentan
de presas pequeñas. Prefieren peces, ranas y aves. Los
atrapan con sus fuertes mandíbulas y dientes afilados.
Los lagartos y cocodrilos adultos de mayor tamaño
pueden comer animales grandes. Les gustan los
mapaches y los ciervos. En general, atrapan a su presa
y la sostienen con la cabeza debajo del agua hasta que
se ahoga. A veces también saltan fuera del agua para
atrapar a sus presas. Para comerlas, las despedazan y
se tragan los pedazos enteros.

AHORA COMPRUEBA

Volver a leer ¿Qué comen los lagartos y los
cocodrilos? Vuelve a leer para hallar la respuesta.

523

LOS LAGARTOS Y LOS COCODRILOS VIVEN EN EL AGUA...

Pueden nadar hasta 6 millas
(9.6 kilómetros) por hora.

Pueden quedarse bajo el agua
hasta dos horas.

Los lagartos y los cocodrilos son buenos
nadadores. Pasan la mayor parte del tiempo en el
agua. Se impulsan hacia adelante moviendo la cola,
que es fuerte y ondulante.

Para nadar en distintas direcciones, usan la cola
y las patas traseras. Para nadar más rápido, retraen
las cuatro patas contra el cuerpo.

... Y EN TIERRA FIRME

REPTAN

CAMINAN

CORREN

CAMINAN CON "PASO ALTO"

Pueden reptar, caminar y correr.
A veces, caminan con el cuerpo separado del suelo. Esto se llama "paso alto".

NOCTURNO significa que está activo durante la noche.

Los NERVIOS SUPERFICIALES están bajo la piel de la parte superior de la cabeza.

Cada OÍDO está escondido bajo un pliegue de la piel.

Los lagartos y los cocodrilos son animales nocturnos. Ven bien en la oscuridad y también a la distancia. Pero no ven muy bien cuando están sumergidos.

Los lagartos y los cocodrilos tienen un gran sentido del olfato y del oído. Detectan vibraciones en el aire o en el agua con los oídos y con los nervios superficiales que tienen en la parte superior de la cabeza.

Los hoyos sensoriales que tienen en el cuerpo también les permiten captar vibraciones en el agua. Las vibraciones les indican que hay una presa cerca. Las gruesas placas óseas que tienen los lagartos y cocodrilos americanos sirven de protección.

Los lagartos y los cocodrilos emiten rugidos, bramidos y sonidos sibilantes para proteger su territorio. Extienden el cuello hacia delante para mostrar que están listos para pelear.

Durante la época de apareamiento, los machos y las hembras se comunican mediante gruñidos, bramidos y unos ruidos sordos como el trueno. Suelen frotar los hocicos, hacer burbujas en la superficie del agua y nadar juntos en círculos. A veces, chapotean en el agua para que el ruido atraiga a una pareja.

527

EL NIDO DE UN LAGARTO AMERICANO

EL NIDO DE UN COCODRILO AMERICANO

La hembra pone unos cuarenta y cinco huevos sobre un colchón de hojas y hierbas. Luego los cubre por completo con un montículo de hojas, hierbas y lodo. El montículo mide unos 6 pies (1.8 metros) de ancho.

La hembra cava un hoyo en el suelo y pone unos cincuenta huevos. Cubre cada capa de huevos y la parte superior con arena.

MONTÍCULO

NIDO

HUEVOS

Un conjunto de huevos se llama NIDADA.

NIDO

HUEVOS

Pocas semanas después, las hembras ponen los huevos en un nido. Allí estarán protegidos y calentitos. Las mamás lagarto y las mamás cocodrilo siempre están alertas. Cuidan el nido para proteger a sus crías de los animales que comen huevos, como los zorrillos y los mapaches.

En el interior del nido, el nivel de calor determina si los recién nacidos serán machos o hembras. Si la temperatura del nido supera los 88° Fahrenheit (31° Celsius), la mayoría de las crías serán machos. Si la temperatura es más baja, la mayoría serán hembras.

La mamá puede oír los chillidos que hacen sus crías dentro del huevo. Eso significa que están listas para romper el cascarón.

LAGARTO AMERICANO

CRÍA DE LAGARTO AMERICANO

La cría usa su DIENTE DE HUEVO para romper la cáscara dura del huevo y poder salir.

A veces la mamá usa la lengua para apretar un huevo contra su paladar. Así se rompe el cascarón, y la cría sale reptando.

La incubación de los lagartos y cocodrilos dura unos sesenta y cinco días. Los recién nacidos se llaman crías.

La mayoría de las crías miden 10 pulgadas (25.4 centímetros) de largo. Unos minutos después del nacimiento, la mamá los lleva al agua.

Un cocodrilo americano puede medir hasta 20 pies (6 metros) de largo.

Las crías tienen dientes muy afilados y pueden cazar y alimentarse de insectos y peces pequeños apenas nacen.

Un lagarto americano puede medir hasta 12 pies (3.6 metros) de largo.

Las crías de un lagarto americano tienen rayas amarillas en el cuerpo, que desaparecen a medida que crecen.

Las hembras de lagarto y de cocodrilo se quedan cerca de sus crías durante un año aproximadamente. Las protegen de los peligros hasta que ellas pueden vivir solas. Los lagartos y cocodrilos jóvenes crecen alrededor de un pie (0.3 metros) por año durante los primeros seis años. Después crecen más despacio, pero siguen creciendo a lo largo de toda la vida.

Tienen mucha fuerza en las patas y en la cola. Las usan para cavar hoyos en el lodo de los pantanos. Los hoyos se llenan de agua, y otros animales que habitan allí también los usan.

Durante cientos de años, los cazadores han
perseguido a estos animales por su carne y su piel. En
la actualidad, la caza de estos animales es **ilegal**. Pero
el ser humano sigue siendo su principal enemigo.

Muchas de las regiones donde viven estos reptiles
han sido desarrolladas por el hombre. Cada vez hay
menos lugares donde los lagartos y cocodrilos pueden
vivir en su hábitat natural.

RESERVA DE VIDA SILVESTRE

AHORA COMPRUEBA

Hacer y responder preguntas ¿Por qué están amenazados los lagartos y los cocodrilos? Vuelve a leer para hallar la respuesta.

AMENAZADAS significa en peligro de extinción.

Se han creado reservas de vida silvestre para proteger a estos animales.

Los lagartos y los cocodrilos han podido sobrevivir por millones de años, sin embargo ahora son especies **amenazadas**. Debemos **respetar** la vida de estas criaturas **fabulosas**.

Cuidemos a los cocodrilos y lagartos con Gail

Gail Gibbons hizo su primer libro de ilustraciones, cuyas páginas sujetó con hilo, cuando tenía cuatro años. Estudió arte y luego ganó varios premios como autora e ilustradora. Gail ha escrito más de 170 libros sobre perros, dinosaurios, pingüinos, manzanas, caballeros, cometas y pandas gigantes. Ella pasa la mayor parte del tiempo en su casa en Vermont, donde prepara jarabe de arce en primavera. Cuando no está en su casa, a Gail se la puede encontrar en un bosque tropical o en la cima de un rascacielos, pues viaja por todo el mundo buscando información para sus libros.

Propósito de la autora

¿Por qué la autora escribió un libro sobre lagartos y cocodrilos?

Kent Ancliffe

534

Respuesta a la lectura

Resumir

Escribe los detalles que aprendiste sobre lagartos y cocodrilos en este diagrama de Venn para resumir.

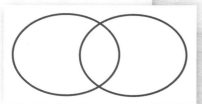

Evidencia en el texto

1. Explica por qué *Lagartos y cocodrilos* es un texto expositivo de no ficción. Identifica las características del texto. **GÉNERO**

2. ¿En qué se parecen y diferencian los hábitats de los lagartos y los cocodrilos? **COMPARAR Y CONTRASTAR**

3. Busca la palabra *hibernar* en la página 519. Usa claves en el párrafo para deducir su significado. **CLAVES DE CONTEXTO**

4. Escribe sobre las semejanzas y las diferencias entre los lagartos y los cocodrilos. Usa los detalles de la lectura en tu respuesta. **ESCRIBIR SOBRE LA LECTURA**

 Haz conexiones

¿Por qué lo que aprendiste sobre lagartos y cocodrilos te enseña a respetarlos? **PREGUNTA ESENCIAL**

¿Cómo podemos ayudar las personas a las especies amenazadas? **EL TEXTO Y EL MUNDO**

Compara los textos

Lee este cuento folclórico sobre cómo
Viejo Cocodrilo aprende a respetar a Mono.

El mono
y el cocodrilo

un cuento folclórico africano

Viejo Cocodrilo era el cazador más grande del río
Congo. Toda la **fauna** que vivía allí le tenía miedo.
El único animal al que no podía atrapar, era Mono.
Todos los días veía a Mono corriendo *deprisa, deprisa*,
por las rocas del río para jugar con sus amigos que
estaban del otro lado.

Un día, Viejo Cocodrilo ideó un plan. Atraparía
a Mono y se lo comería en el almuerzo. Viejo
Cocodrilo se ocultó en el río para que su lomo saliera
del agua como si fuera una roca y esperó a que Mono
cruzara. Cuando Mono pisó su lomo,
Viejo Cocodrilo le agarró la cola.

—¡Te atrapé, Mono!
Ahora te comeré —gruñó.

Mono, que era muy listo y ágil, dijo:

—Ah, entonces es una pena que no puedas trepar al árbol de tamarindo. Es un **requisito**, si vas a comer mono, lo tienes que acompañar con tamarindo. De lo contrario, soy una comida venenosa.

Viejo Cocodrilo frunció el ceño. Estaba muy hambriento, pero no quería comerse un mono venenoso. Entonces se le ocurrió una idea.

—Ah, pero tú sí puedes trepar, Mono —dijo Viejo Cocodrilo con una sonrisa que mostraba todos sus dientes—. Ve a tomar un fruto y tráemelo aquí.

—¡No hay problema! —dijo Mono y de un salto, fue hasta la orilla y trepó hasta la copa del árbol de tamarindo. Luego se rio y dijo:

—¡Viejo Cocodrilo, te he engañado! Deberías saber que un mono siempre es muy listo y rápido para dejarse atrapar por un cocodrilo.

Viejo Cocodrilo refunfuñó, se alejó nadando y nunca más intentó atrapar a un mono.

Haz conexiones

Explica por qué Viejo Cocodrilo aprende a respetar a los monos.
PREGUNTA ESENCIAL

Comenta en qué se parece este cuento a la selección principal.
EL TEXTO Y OTROS TEXTOS

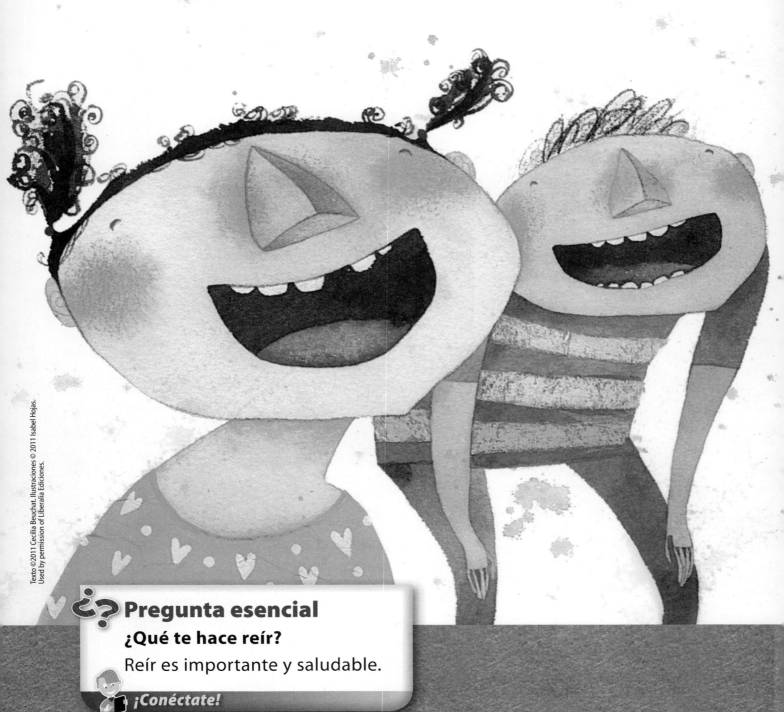

Texto ©2011 Cecilia Beuchat. Ilustraciones © 2011 Isabel Hojas.
Used by permission of Liberalia Ediciones.

¿? Pregunta esencial

¿Qué te hace reír?

Reír es importante y saludable.

¡Conéctate!

538

Risa

Hay risas contagiosas y risas forzadas,
ruidosas, irónicas y prolongadas,
falsas, estrepitosas y solapadas.

Uno puede
morirse de la risa,
estar tentado de la risa,
reventar de la risa,
desternillarse de la risa
y aguantarse la risa.

Hay risitas y **risotadas**,
también puede ser solo una sonrisa.
Ser **risueño** es muy bueno,
pero lo mejor es
reírse a carcajadas.

¿Sabes? No importa tanto
cómo, sino por qué;
lo bueno es reírse por algo
que te haga de verdad reír.

Cecilia Beuchat

Se vende todo

"¡Lo vendo todo, lo vendo!",
grita un hombre en el mercado.
"¡Vendo tuercas y tornillos,
cerraduras y candados,
bombón helado y barquillos,
alcohol, tiritas y yodo,
camisas y calzoncillos!
¡De todo, vendo de todo!".

Se le acerca una clienta:
"Quiero un bote de silencio,
medio litro de tormenta,
cuatro cajas de buen tiempo
y un kilo de isla desierta.
Quiero espuma de la playa,
dos botellas de laguna,
un racimo de palabras
y una rodaja de luna".

El hombre del puesto se enfada:
"¡No vendo nada de eso!".
Y ella se marcha diciendo:
"Entonces no vende nada…".

Pedro Mañas

© Del texto: Pedro Mañas, 2009. © De las ilustraciones: Silvina Socolovsky, 2010. © De la edición: Kalandraka Ediciones Andalucía, 2010.

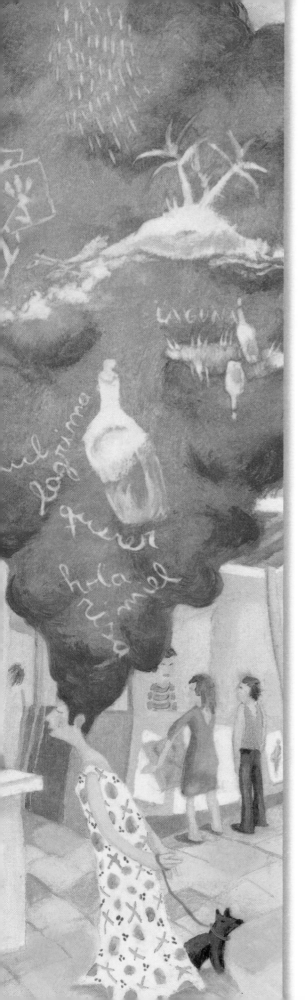

Respuesta a la lectura

Resumir

Fíjate en los detalles importantes del poema *Risa* y escríbelos en la tabla para resumirlo.

Detalles

↓

Punto de vista

Evidencia en el texto

1. ¿Cómo sabes que el poema *Risa* es un poema narrativo con rima? **GÉNERO**

2. ¿Qué palabras riman en la última estrofa del poema *Se vende todo*? **ELEMENTOS LITERARIOS**

3. ¿Qué quiere decir "uno puede morirse de la risa"? **MODISMOS**

4. ¿Qué está buscando la mujer que se acerca al vendedor en el poema *Se vende todo*? ¿Dónde lo podría conseguir? **ESCRIBIR SOBRE LA LECTURA**

¿? Haz conexiones

¿Qué dicen estos poemas que te hacen reír? **PREGUNTA ESENCIAL**

¿Qué otras cosas hacen reír a las personas? **EL TEXTO Y EL MUNDO**

Compara los textos

Lee estos trabalenguas y
verás qué difícil es decirlos.

Adivinanzas

Sal para ver si sabes;
sal para que sepas
a qué sabe el agua dulce,
siempre y cuando no te metas.

(La sal)

Trabalenguas

Un lororrinojirofante
de lororrinojirofantasía
lororrinojirofantaseaba
lororrinojirofantasiosamente
que un día
se deslororrinojirofantaseaba
y fantasilororrinojirofantaseando
se quedó.

Ovejas de fantasía,
pañuelos para mojar
con su llanto la alegría
(Las nubes)

Yo no sé qué no sequé
sé que sé que no sé qué
pero no sé ya qué no sequé.

Texto ©1990 Antonio Granados. Used by permission of Grupo Santillana.
Ilustrado por María Lavezzi

Cine de palabras

Una gallina cluequiculeca,
vanidosa,
"original" y muy coqueta,
puso un huevo
especial en la banqueta
del que salió
un pollito en bicicleta.

La araña, buen hada,
subía y bajaba;
tejía y bordaba
su traje de nada.

Creo que esto pasó mañana:
Una vaca con piyama,
risa y risa en la ventana,
se hizo chis sobre la cama.

Antonio Granados

¿? Haz conexiones

¿Por qué son entretenidos los trabalenguas? **PREGUNTA ESENCIAL**

¿En qué se parecen los trabalenguas a las adivinanzas?
¿Y los trabalenguas a un poema? **EL TEXTO Y OTROS TEXTOS**

Glosario

En este glosario puedes encontrar el significado de muchas de las palabras más difíciles del libro. Las palabras están en orden alfabético.

Palabras guía

Las palabras guía en la parte superior de cada página te indican la primera y la última palabra de la página.

convencer/diseñar

Primera palabra de la página

Última palabra de la página

Ejemplo de entrada

Cada palabra del glosario está dividida en sílabas. Después encontrarás la parte de la oración, la definición y una oración de ejemplo.

Parte de la oración

Definición

Entrada y división en sílabas

di•se•ñar *v.* Hacer un plan o un dibujo de algo. *Ellos **diseñarán** el vestuario para nuestra obra.*

Oración de ejemplo

Abreviaturas usadas en este glosario

adj. adjetivo
adv. adverbio
f. sustantivo femenino
fr. frase

m. sustantivo masculino
m. y f. sustantivo masculino y femenino
v. verbo

Aa

á•ba•co *m*. Instrumento que ayuda a realizar cuentas y cálculos simples. *En la escuela usamos el **ábaco** para los ejercicios de matemáticas.*

a•bun•dan•te•men•te *adv*. En gran cantidad. *Mi perro come **abundantemente**.*

ac•ci•den•tal *adj*. No esperado ni planeado. *Asegúrate de apagar todas las velas para evitar un incendio **accidental**.*

a•cu•dir *v*. Ir a un lugar. *Es importante **acudir** puntualmente a una cita.*

ad•mi•rar *v*. Tener una buena opinión de alguien. *El estudiante **admira** a su maestra.*

a•gu•je•ro *m*. Abertura más o menos redonda en una superficie. *Hay un **agujero** en el techo.*

ahu•yen•tar *v*. Hacer huir a una persona o a un animal. *El sonido de la alarma **ahuyentó** al gato.*

a•ler•tar *v*. Advertir sobre un peligro. *El director **alertará** a la policía si el problema continúa.*

a•le•ta *f*. Extremidad de los peces que sirve para desplazarse en el agua. *La **aleta** de una orca no tiene huesos.*

a•li•vio *m*. Fin de una preocupación por algo. *Sentí **alivio** cuando el examen terminó.*

al•ma•cén *m*. Lugar donde se venden diferentes productos. *Lucy fue al **almacén** a comprar leche.*

am•bien•te *m*. El entorno natural de una persona, un animal o una planta. *Un animal depende de su **ambiente** para sobrevivir.*

a•me•na•za•do *adj*. En riesgo. *La cosecha de este año se vio **amenazada** por la falta de lluvia.*

a•me•na•zar *v*. Representar un riesgo para alguien o algo. *La contaminación **amenaza** la vida de los animales.*

a•ni•mar *v*. Alentar, dar fuerza, estimular a alguien para hacer algo. *La maestra **animó** a los niños a estudiar.*

an•te•pa•sa•do *m*. Miembro antiguo de la familia. *En Estados Unidos muchas personas tienen **antepasados** de Inglaterra.*

a•nun•ciar *v*. Dar a conocer algo de manera oficial. *El locutor **anunció** el ganador al final del juego.*

a•plau•dir *v*. Golpear las palmas en señal de aprobación o gusto. *Al finalizar la obra, el público se paró y **aplaudió**.*

a·plo·mo *m.* Serenidad. *Contestó las preguntas del periodista con gran* **aplomo**.

a·pre·ciar *v.* Percibir algo a través de los sentidos. *Desde la galería* **apreciamos** *el inmenso jardín.*

ar·bus·to *m.* Planta alta con ramas desde la base. *El jardín está cercado por* **arbustos** *llenos de flores.*

ar·der *v.* Quemarse. *Mis pies* **ardían** *sobre la arena caliente.*

a·rran·car *v.* Sacar de raíz. *El perro* **arrancó** *todas las flores del jardín.*

a·rro·gan·te *adj.* Que se siente superior a los demás. *Tiene una expresión* **arrogante** *y no saluda a nadie.*

as·tro·no·mí·a *f.* El estudio del Sol, la Luna, las estrellas y los planetas. *Quiero estudiar* **astronomía** *para aprender sobre el Sol y las estrellas.*

a·sus·tar *v.* Causar miedo o temor. *El trueno* **asustó** *a los niños.*

a·ten·to *adj.* Concentrado, que escucha o mira con atención. *Los niños observaban* **atentos** *los trucos del mago.*

a·tre·vi·do *adj.* Que se anima a hacer cosas que son peligrosas o inusuales. *La joven* **atrevida** *quiso practicar paracaidismo.*

au·daz *adj.* Valiente o atrevido. *El* **audaz** *explorador partió en busca de nuevas tierras.*

a·zo·te·a *f.* Cubierta plana de un edificio sobre la cual se puede andar. *El técnico subió a la* **azotea** *a instalar la antena de televisión.*

Bb

ba·rran·co *m.* Precipicio producido por la erosión. *Si te acercas al* **barranco** *te puedes caer.*

bi·blio·te·ca *f.* Local donde hay muchos libros ordenados para la lectura. *La* **biblioteca** *de la escuela es muy amplia.*

bul·to *m.* Paquete, bolsa, maleta o cualquier otro equipaje. *Voy a dejar mis* **bultos** *en el auto.*

Cc

ca·be·ce·ra *f.* Parte de la cama donde se ponen las almohadas. *La* **cabecera** *de mi cama tenía flores talladas en madera.*

cal·cu·lar *v.* Suponer una cosa considerando otras. *¿Cuánto* **calculas** *que demorará el viaje?*

ca·li·dad *f.* Qué tan bueno o malo es algo. *Ese mercado vende frutas y verduras de alta* **calidad**.

can·di·da·to *m.* Persona que busca una posición. *Nuestro alcalde quiere presentarse como* **candidato** *a presidente.*

can·ti·dad *f.* Monto, número de unidades. *¿Qué* **cantidad** *de dinero gastaste esta semana?*

ca·rac·te·rís·ti·ca *f.* Parte o cualidad de algo. *Todas las aves tienen* **características** *similares.*

cas·ca·bel *m.* Bola de metal hueca con un pedacito de hierro dentro para que suene al moverse. *La falda de Julia tiene* **cascabeles** *que suenan cuando baila.*

chan·cle·ta *f.* Calzado que no cubre el pie, formado por una suela y dos tiras. *Las* **chancletas** *se pueden usar para ir a la playa.*

ciu·da·da·ní·a *f.* Comportamiento propio de un buen ciudadano. *Ayudar a los vecinos es un acto de* **ciudadanía**.

com·pe·tir *v.* Luchar contra personas o grupos que quieren lograr la misma cosa. *Nuestra clase* **compitió** *con otra escuela y ganó el torneo.*

com·pro·me·ter *v.* Aceptar una responsabilidad u obligación. *El hombre se* **comprometió** *a pagar sus deudas.*

com·pro·me·ti·do *adj.* Persona que acepta una responsabilidad. *Él está muy* **comprometido** *con el cuidado de la fauna de su región.*

co·mu·ni·dad *f.* Grupo de personas que viven en un mismo pueblo o región. *Nuestra* **comunidad** *es muy unida.*

con·di·ción *f.* Estado en que se halla una persona o cosa. *Mi casa es antigua pero está en muy buenas* **condiciones**.

con·fian·za *f.* Seguridad. *Cuando tienes* **confianza** *en ti mismo, puedes lograr todas tus metas.*

con·ge·lar *v.* Enfriar hasta convertir en hielo. *El jugo se* **congeló** *en el refrigerador.*

con·ser·va·ción *f.* La protección de los recursos naturales. *Toda la ciudad ayudó en la* **conservación** *de nuestro parque.*

con·ta·mi·na·ción *f.* Efecto de ensuciar o dañar el medio ambiente. *La* **contaminación** *del aire causa daños irreparables.*

con·ti·nuar *v.* Seguir sin detenerse. **Continúa** *leyendo hasta que termines el cuento.*

con·tri·buir *v.* Dar algo a otros. *Los voluntarios* **contribuyen** *con su tiempo.*

con·tro·lar *v.* Usar el poder para hacer que algo suceda. *El maestro sabía* **controlar** *a los niños durante la clase.*

con·ven·cer *v.* Usar argumentos para que alguien cambie de idea. *Intenté* **convencer** *a mi hermana pero ella decidió quedarse en casa.*

co·o·pe·ra·ción *f*. El acto de trabajar juntos. *Pidieron nuestra* **cooperación** *para limpiar el parque.*

co·piar *v*. Imitar, tomar de modelo. *Los aviones* **copiaron** *el vuelo de las aves.*

cui·da·dor *m*. Persona que cuida. *El* **cuidador** *del zoológico alimentó a los elefantes*

cul·ti·var *v*. Sembrar y hacer que algo se desarrolle. *Mi abuela* **cultivaba** *hortalizas en la huerta.*

cul·to *adj*. Que tiene cultura o es instruido. *Mi padre es una persona muy* **culta**.

cu·rio·se·ar *v*. Observar algo superficialmente. *El niño* **curioseó** *un poco en la nueva librería.*

Dd

da·ñi·no *adj*. Que hiere o causa daño. *El tabaco es* **dañino** *para la salud.*

de·ci·sión *f*. Determinación; resolución que se toma a partir de una duda. *Marcos tomó la* **decisión** *de estudiar mucho para el examen.*

de·sas·tre *m*. Sucesos que causan mucho daño o sufrimiento. *Los huracanes, terremotos y tornados son ejemplos de* **desastres** *naturales.*

des·cen·dien·te *m*. Hijo, nieto, o persona que desciende de otra. *Ellos son* **descendientes** *de suecos.*

des·cu·brir *v*. Ver o hallar algo por primera vez. *Gracias a la ciencia se han* **descubierto** *curas para muchas enfermedades.*

des·cui·da·do *adj*. Que no presta atención o cuidado a las cosas. *El niño* **descuidado** *tropezó con su patineta.*

des·pe·gar *v*. Separarse de la superficie para iniciar el vuelo. *¿A qué hora* **despegará** *el cohete hacia el espacio?*

des·pe·gue *m*. Inicio del vuelo. *Los niños miraban asombrados el* **despegue** *del avión.*

des·pre·ve·ni·do *adj*. No preparado, no advertido para algo. *Tu visita me toma* **desprevenido**.

dis·cu·tir *v*. Estar en desacuerdo y mostrar opiniones diferentes. **Discutimos** *las posibles soluciones.*

di·se·ñar *v*. Hacer un plan o un dibujo de algo. *Ellos* **diseñarán** *el vestuario para nuestra obra.*

dis·tin·guir *v*. Conocer la diferencia que hay entre una cosa y otra. *No pude* **distinguir** *cuál era el gato de Susy.*

do·mi·ci·lio *m*. Lugar donde vive una persona. *El banco le envió una carta a su* **domicilio**.

Ee

e·fec·ti·vo *adj.* Que funciona de manera correcta. *El medicamento fue muy* **efectivo** *para curar la tos.*

e·jem·plo *m.* Algo que se usa para demostrar cosas similares. *El profesor nos dio un* **ejemplo** *del proyecto que teníamos que hacer.*

e·le·gan·cia *f.* Estilo, buen gusto. *La modelo luce el vestido con mucha* **elegancia***.*

e·le·gir *v.* Escoger, seleccionar. *Esta semana* **elegiremos** *un nuevo proyecto para la clase de ciencias.*

e·mi·grar *v.* Abandonar su propio país para establecerse en otro lugar. *Muchas personas* **emigraron** *a otra región a causa del terremoto.*

em·pu·jar *v.* Hacer fuerza contra una cosa para moverla. *Nos quedamos sin gasolina y tuvimos que* **empujar** *el coche.*

e·ner·gí·a *f.* Fuerza, vigor; electricidad. *Un corredor necesita mucha* **energía** *para participar en una maratón.*

en·re·dar *v.* Enlazar una cosa con otra. *Se* **enredaron** *todos los cables de la computadora.*

en·te·re·za *f.* Capacidad para afrontar problemas o dificultades con serenidad y fortaleza. *Miguel escuchó la noticia del despido con* **entereza***.*

en·ve·je·cer *v.* Hacerse vieja una persona o cosa. *Mi vestido* **envejeció** *con el uso.*

en·vol·tu·ra *f.* Capa exterior que cubre una cosa. *La niña rompió ansiosa la* **envoltura** *del regalo.*

e·qui·po *m.* Elementos necesarios para un uso particular. *No olvides llevar el* **equipo** *para la nieve.*

es·ca·ma *f.* Membrana que cubre la piel de algunos animales. *Antes de cocinar el pescado debes quitarle las* **escamas***.*

es·con·di·te *m.* Lugar donde esconderse u ocultar algo. *Martín encontró el* **escondite** *del ratón.*

es·pa·cio·so *adj.* Grande o amplio. *Las habitaciones de mi casa son muy* **espaciosas***.*

es·tu·pe·fac·to *adj.* Muy sorprendido. *Me quedé* **estupefacto** *al saber que había ganado el concurso.*

e·xa·mi·nar *v.* Observar algo con atención. *El médico* **examinó** *mi herida.*

ex·ce·len·te *adj.* Muy bueno; sobresaliente. *Julia ganó un premio por su* **excelente** *ensayo.*

é·xi·to *m.* Buen resultado. *Mi mamá estaba contenta con el* **éxito** *de mi actuación.*

ex·plo·sión de·mo·grá·fi·ca *fr.* Crecimiento acelerado de la población. *Después de la construcción del ferrocarril hubo una gran* **explosión demográfica** *en la región.*

Ff

fa·bu·lo·so *adj.* Increíble; asombroso. *Los artistas del circo dieron un espectáculo* **fabuloso.**

fau·na *f.* Los animales de un país o región. *La contaminación está destruyendo la* **fauna** *de la zona.*

fuen·te *f.* Origen, principio o causa de algo. *Los ríos son una* **fuente** *de energía.*

Gg

go·bier·no *m.* Grupo de personas encargadas de la gestión de un país, estado o cualquier otro lugar. *Cuando voto elijo un* **gobierno.**

gran·dio·so *adj.* Grande y espléndido. *El viejo castillo parece un lugar* **grandioso** *para vivir.*

gra·ne·ro *m.* Lugar en donde se almacena el grano. *Después de recoger el trigo lo llevaron al* **granero.**

gua·na·co *m.* Mamífero, familia de la llama que vive en los Andes. *En el Perú hay muchos* **guanacos.**

Hh

ha·bi·tar *v.* Vivir en un lugar. *Algunos animales* **habitan** *en cuevas.*

ha·cen·do·so *adj.* Persona que hace tareas con cuidado y esmero. *El esposo de Elena es muy* **hacendoso.**

hi·to *m.* Un edificio o un lugar importante. *La Estatua de la Libertad es un* **hito** *de la Ciudad de Nueva York.*

ho·gar *m.* Casa o domicilio. *Los niños regresaron felices a su* **hogar** *luego de las vacaciones.*

ho·rro·ri·za·do *adj.* Sorprendido y perturbado. *Estaban* **horrorizados** *al ver el daño que había causado la tormenta.*

huer·to *m.* Lugar donde se plantan verduras, legumbres o árboles frutales. *En un rincón del jardín han plantado un* **huerto.**

hu·mor *m.* Estado de ánimo, bueno o malo. *Marta está siempre de buen* **humor.**

Ii

i·dén·ti·co *adj*. Igual o muy parecido. *Mi mamá me ha dicho que soy **idéntica** a mi abuela.*

i·le·gal *adj*. Contra la ley. *Es **ilegal** invadir la propiedad ajena.*

i·ma·gi·nar *v*. Crear algo en la imaginación. *Cierra los ojos e **imagina** que estás de vacaciones.*

im·pru·den·te *adj*. Que no tiene cuidado. *Juan conduce de manera muy **imprudente**.*

in·de·pen·dien·te *adj*. Que hace cosas por sí mismo. *Matías es muy **independiente** para hacer las tareas de la escuela.*

in·dí·ge·na *adj*. Que es habitante nativo de un territorio. *Una mujer **indígena** nos indicó el camino hacia el río.*

in·ge·nio *m*. Capacidad que tiene una persona para imaginar o crear cosas útiles. *Mario arregló la tubería con **ingenio**.*

in·mi·gra·ción *f*. Llegada de personas a un territorio distinto de su lugar de origen. *Hubo una gran **inmigración** de europeos en Latinoamérica.*

in·qui·li·no *m*. Persona que alquila una vivienda. *Los nuevos **inquilinos** se mudaron ayer al vecindario.*

ins·pi·rar *v*. Impulsar a actuar. *Las palabras de mi maestra me **inspiraron** a seguir escribiendo poesía.*

in·ven·to *m*. Algo que fue creado. *El siglo XX pasará a la historia por sus **inventos** tecnológicos.*

Ll

la·bo·rio·so *adj*. Que trabaja mucho. *Las hormigas son animales muy **laboriosos**.*

la·bran·za *f*. Cultivo de los campos. *El trabajo de **labranza** es muy duro.*

lí·der *m*. Persona que guía a un grupo. *El **líder** del grupo es el cantante.*

lo·gro *m*. Resultado muy satisfactorio. *Fue un gran **logro** llegar a la cima de la montaña.*

Mm

mar·chan·te *m*. y f. *Vendedor. Ayer llevamos unos cuadros al **marchante**.*

ma·si·vo *adj*. Que se aplica en gran cantidad. *Nueva York es una ciudad de turismo **masivo**.*

ma·te·rial *m*. De lo que está hecha una cosa. *La mesa está hecha de un **material** oscuro y pesado.*

me•ta *f*. Objetivo de una persona. *Mi* **meta** *es graduarme de la universidad.*

mo•de•lo *m*. Copia en pequeño de alguna cosa. *Mi padre y yo hicimos un* **modelo** *de un avión.*

mo•nu•men•to *m*. Un edificio o una estatua hechos en homenaje a una persona o un suceso. *El* **Monumento** *a Lincoln está en Washington D. C.*

mo•ra•da *f*. Lugar donde se habita. *El oso duerme en su* **morada**.

mo•ti•var *v*. Dar causa o motivo para algo. *Espero que el entrenador me* **motive** *a hacer ejercicio.*

mo•vi•mien•to *m*. Cambio de posición o de lugar de algo. *El* **movimiento** *del barco me causa mareos.*

mue•ca *f*. Expresión del rostro. *Liz no dejó de hacer* **muecas** *durante toda la reunión.*

Nn

na•cio•nal *adj*. Que pertenece a una nación. *Cantamos el himno* **nacional**.

no•ti•cia *f*. Comunicación pública de un hecho. *La* **noticia** *de tu llegada nos alegró.*

Oo

ob•ser•var *v*. Mirar o examinar con atención. *¿Te gusta* **observar** *las estrellas?*

obs•tá•cu•lo *m*. Impedimento, estorbo. *El mal tiempo fue un* **obstáculo** *para el campamento.*

o•fi•cio *m*. Ocupación habitual. *Pedro es carpintero, el mismo* **oficio** *que tenía su padre.*

o•por•tu•ni•dad *f*. Momento o circunstancia adecuada para hacer algo. *La fiesta fue una buena* **oportunidad** *para conocer a los vecinos.*

or•gu•llo *m*. Sentimiento que uno tiene de valor e importancia. *El estudiante sentía* **orgullo** *por sus buenas calificaciones.*

os•cu•ri•dad *f*. Falta de luz o claridad. *Los murciélagos vuelan en la* **oscuridad**.

o•xi•da•do *adj*. Transformado por la acción del oxígeno o de un oxidante. *El metal estaba* **oxidado** *por la humedad.*

Pp

pa•cien•te•men•te *adv*. Con calma y tranquilidad. *Los niños esperaron* **pacientemente** *a su madre en la oficina.*

pa•go *m*. Acción de pagar algo. *El **pago** de la renta se realiza el primer día del mes.*

pa•rien•te *adj*. Que pertenece a la misma familia. *Estas grullas son **parientes** de las blancas.*

par•ti•ci•par *v*. Actuar junto con otros en una actividad. *Mis primos quieren **participar** en actividades familiares.*

pa•sa•je•ro *m*. Persona que viaja en un medio de transporte. *Los **pasajeros** del tren le entregaron los boletos al conductor.*

pe•ñas•co *m*. Roca de gran tamaño ubicada en un lugar alto. *En la cumbre tuvimos que subir un **peñasco**.*

per•mi•tir *v*. Dejar que alguien haga algo. *Mis padres me **permitieron** ir a la fiesta.*

pia•nis•ta *m. y f*. Persona que toca el piano. *El **pianista** acompañaba a la cantante.*

pio•ne•ro *m*. Persona que inicia la exploración o colonización de nuevas tierras. *Los **pioneros** enfrentaron muchas dificultades durante el viaje.*

pis•ta *f*. Indicio que puede conducir a averiguar algo. *El detective usó **pistas** para resolver el caso.*

pla•cen•te•ro *adj*. Agradable. *El aroma de las flores de la habitación es muy **placentero**.*

po•bla•ción *f*. La cantidad de personas que vive en un lugar. *La **población** de la ciudad ha crecido en los últimos años.*

po•pu•lar *adj*. Que es aceptado por las personas. *Emilia es muy **popular** y siempre tiene muchos amigos.*

prac•ti•car *v*. Realizar una actividad una y otra vez para adquirir habilidad. *Aprenderás a tocar mejor el piano si **practicas** mucho.*

pre•fe•rir *v*. Elegir una persona o cosa entre otras. ***Prefiero** el básquetbol al béisbol.*

pre•ven•ción *f*. Acción de evitar que algo suceda. *No hacer fogatas ayuda a la **prevención** de los incendios forestales.*

pro•ba•ble *adj*. Que es bastante posible que suceda. *Es **probable** que llueva este fin de semana.*

pro•du•cir *v*. Hacer o fabricar algo. *Las gallinas **producen** los huevos que comemos en la granja.*

pro•hi•bir *v*. No permitir a alguien hacer algo. *Te **prohibo** usar mi computadora.*

pro•nós•ti•co *m*. Predicción sobre el clima. *El **pronóstico** del tiempo anunció lluvia.*

pro·nun·ciar *v.* Emitir el sonido de una letra o palabra. *Para aprender a leer debes **pronunciar** cada palabra lentamente.*

pro·po·ner *v.* Sugerir algo para su consideración. *Mi papá **propuso** tomar el metro hasta la ciudad para ahorrar tiempo.*

pro·pó·si·to *m.* Razón por la cual se hace algo. *El **propósito** de estudiar es aprender.*

pro·te·ger *v.* Mantener a alguien o algo seguro. *El caparazón de la tortuga la **protege** de los daños.*

pul·pa *f.* Parte blanda y carnosa de la fruta. *La pera y la manzana tienen mucha **pulpa**.*

Qq

que·jar·se *v.* Hablar sobre algo que está mal o que molesta. *Ken **se quejó** de que nadie estaba escuchando su discurso.*

Rr

ra·pi·dez *f.* Velocidad o movimiento acelerado. *Los niños hacen la tarea con **rapidez**.*

ras·tro *m.* Huella que muestra que algo o alguien estuvo allí. *Los cazadores dieron con su presa después de seguir su **rastro** durante horas.*

re·ce·tar *v.* Prescribir un medicamento. *El doctor me **recetó** un jarabe para la tos.*

re·ci·clar *v.* Volver a utilizar. *Si **reciclamos** el papel, no habrá que talar tantos árboles.*

re·co·no·cer *v.* Conocer y recordar de antes. *Como no había visto a mi amiga durante mucho tiempo no la **reconocí** cuando llegó.*

re·cur·so *m.* Cosa que se usa como ayuda o sustento. *El agua es un **recurso** escaso y fundamental para la vida.*

re·cur·so na·tu·ral *fr.* Elemento de la naturaleza que puede ser aprovechado por el hombre para satisfacer sus necesidades. *El petróleo es un **recurso natural** no renovable.*

re·em·pla·zar *v.* Sustituir una cosa por otra. *Debemos **reemplazar** las piezas rotas del motor.*

re·la·cio·na·do *adj.* Que tiene algo en común con otro. *El zorro gris y el zorro rojo están **relacionados**.*

re·lu·cien·te *adj.* Que brilla o emite luz. *Si limpias la plata con este producto te quedará **reluciente**.*

re•no•va•ble *adj*. Capaz de ser hecho de nuevo. *La madera es un recurso **renovable**.*

re•o•jo *fr*. Mirar de reojo es mirar con disimulo. *La miré de **reojo** cuando llegó.*

re•po•so *m*. Estado de tranquilidad o descanso. *El **reposo** le permitió recuperarse de la gripe.*

re•qui•si•to *m*. Algo que es necesario. *Para participar en el torneo debes cumplir con los **requisitos**.*

res•pe•tar *v*. Tener consideración por alguien o algo. *Nosotros **respetamos** las reglas de la ciudad.*

re•vés *m*. Lado o parte opuesta de una cosa. *Anoté todos los datos en el **revés** de la hoja.*

ri•que•za *f*. Abundancia de algo. *África tiene una **riqueza** animal incomparable.*

ri•so•ta•da *f*. Carcajada, risa ruidosa. *El payaso estalló en **risotadas** cuando su compañero se equivocó.*

ri•sue•ño *adj*. Que muestra risa en el rostro o ríe con facilidad. *Pablo entró **risueño** y le preguntamos por qué estaba tan contento.*

ro•co•so *adj*. Que está lleno de rocas. *Anduvimos en bicicleta por un terreno **rocoso**.*

rui•do *m*. Sonido desagradable y generalmente fuerte. *María no durmió en toda la noche por el **ruido** que hicieron sus vecinos.*

Ss

sa•bo•re•ar *v*. Percibir con placer el gusto de un alimento. *Los niños **saboreaban** el helado delicioso.*

sa•lu•da•ble *adj*. Bueno para la salud. *Comer muchas frutas y verduras es un hábito **saludable**.*

sen•ci•llo *adj*. Que no es difícil o complicado. *La tarea de matemáticas fue bastante **sencilla**.*

sen•de•ro *m*. Senda, camino pequeño y estrecho. *Este **sendero** sube hasta la cima del monte.*

sen•tir *v*. Experimentar sensaciones. *Al ponerse la blusa **sintió** la suavidad de la seda.*

se•re•no *adj*. Que está calmado y tranquilo. *Hoy el mar está **sereno**.*

se•rrar *v*. Cortar o dividir con la sierra. *Debemos **serrar** todas estas maderas para mañana.*

si•mien•te *f*. Semilla que permite dar origen a una nueva planta. *Graciela plantó diferentes **simientes** en su huerto.*

si·mi·lar *adj*. Parecido o semejante. *Mi vestido era **similar** al de Julieta.*

sim·ple *adj*. Fácil de entender o hacer. *Daniel nos mostró una receta **simple** para la salsa.*

sis·te·ma so·lar *fr*. El Sol y todos los planetas y objetos que giran a su alrededor. *La Tierra es parte del **sistema solar**.*

so·bre·vi·vir *v*. Continuar con vida. *Tuvimos suerte de **sobrevivir** a la tormenta.*

so·lu·ción *f*. La respuesta a un problema. *¿Hallaste la **solución** a tu problema?*

sor·pren·den·te *adj*. Algo o alguien que causa mucha sorpresa. *Su biblioteca era **sorprendente** porque tenía libros de todo el mundo.*

su·per·fi·cie *f*. Aspecto externo de algo. *La mesa tenía una **superficie** lisa y oscura.*

sus·ti·tu·to *m*. Cosa que puede reemplazar a otra. *Usamos la miel como un **sustituto** del azúcar.*

Tt

ta·llar *v*. Dar forma a un material sólido. *El artista **talló** una escultura de madera.*

te·me·ro·so *adj*. Que se asusta fácilmente. *El gatito era **temeroso** y se escondía debajo de la cama.*

tem·pe·ra·tu·ra *f*. El grado de calor o frío. *La **temperatura** cayó por debajo de cero.*

te·rrá·queo *adj*. Que es de la Tierra o relativo a ella. *Busca el país donde vives en el globo **terráqueo**.*

ter·tu·lia *f*. Reunión de personas que se juntan habitualmente para conversar o recrearse. *En ese café todas las semanas hay una **tertulia** literaria.*

te·so·ro *m*. Algo de gran valor o importancia. *El pirata tiene su **tesoro** guardado en una cueva.*

tra·di·ción *f*. Una creencia, costumbre o modo de hacer las cosas que se transmite. *El desfile del 4 de Julio es una **tradición**.*

tra·di·cio·nal *adj*. Según las costumbres. *El arroz es una comida **tradicional** en Japón.*

tram·pa *f*. Medio para burlar a alguien. *No debes hacer **trampas** cuando juegas.*

trans·por·te *m*. Sistema para movilizar personas o cosas de un lugar a otro. *El autobús es el medio de **transporte** más utilizado.*

tra·vie·so *adj*. Inquieto y juguetón. *El gatito **travieso** trepó al árbol y no puede bajar.*

tro•pe•zar *v.* Dar con los pies contra algún obstáculo y perder el equilibrio. *La niña* **tropezó** *con una piedra y cayó.*

true•que *m.* Intercambio de unas cosas por otras sin usar dinero. *Los primeros pobladores usaban el* **trueque** *para obtener suministros.*

Uu

ú•ni•co *adj.* Que no hay otro igual en su especie. *Cada especie tiene rasgos* **únicos**.

u•nir *v.* Juntar dos o más cosas entre sí haciendo de ellas un todo. *Laura* **unió** *con facilidad todas las piezas del rompecabezas.*

Vv

va•ci•lar *v.* Estar inseguro o tener dudas. *Si necesitas ayuda no* **vaciles** *en llamarme.*

va•len•tí•a *f.* Capacidad de enfrentar el peligro sin temer. *Los soldados demostraron su* **valentía** *en la batalla.*

va•ra•do *adj.* Que quedó desamparado o en una situación difícil. *Quedamos* **varados** *en la isla.*

va•rie•dad *f.* Conjunto de cosas diversas. *El restaurante ofrece una* **variedad** *de comidas.*

ve•hí•cu•lo *m.* Medio de transporte de personas o bienes. *En esta avenida circulan muchos* **vehículos**.

vi•gi•lar *v.* Estar alerta o atento. *La madre* **vigilaba** *a sus hijos mientras jugaban en el parque.*

vi•tri•na *f.* Armario o espacio con puertas de cristal para exponer objetos. *En el club hay una* **vitrina** *llena de trofeos.*

vue•lo *m.* Acción de volar. *El* **vuelo** *del primer avión de los hermanos Wright fue en Carolina del Norte.*

nicol smith